艾力·卡德尔的唢呐人生

史林杰 ◎ 著

新疆文化出版社
新疆电子音像出版社

图书在版编目(CIP)数据

艾力·卡德尔的唢呐人生/史林杰著.——乌鲁木齐:新疆文化出版社:新疆电子音像出版社,2016.10
ISBN978-7-5469-8841-2

Ⅰ.①艾… Ⅱ.①史… Ⅲ.①艾力·卡德尔-生平事迹Ⅳ.①K825.76

中国版本图书馆CIP数据核字(2016)第243088号

选题策划：于文胜	责任复审：李贵春
责任编辑：王洪燕	责任决审：于文胜
责任校对：王洪燕	责任印制：刘伟煜

书　　名	艾力·卡德尔的唢呐人生
著　　者	史林杰
出　　版	新疆文化出版社　新疆电子音像出版社
地　　址	乌鲁木齐市经济技术开发区科技园路5号（邮编 830026）
发　　行	全国新华书店
网　　购	当当网、京东商城、亚马逊、淘宝网、天猫、读读网、淘宝网·新疆旅游书店
制　　版	新疆读读精品网络出版有限公司数字印务中心
印　　刷	新疆新华华龙印务有限责任公司
开　　本	787 mm×1 092 mm　　1/16
印　　张	9
字　　数	120千字
版　　次	2016年10月第1版
印　　次	2017年2月第1次印刷
书　　号	ISBN 978-7-5469-8841-2
定　　价	29.80元

网络出版　读读精品出版网（www.dudu-book365.com）
网络书店　淘宝网·新疆旅游书店（http://shop67841187.taobao.com）

《艾力·卡德尔的唢呐人生》

编辑委员会

主　任　顾苏兰

副主任　翟　涛

编　委　李　隆　何　琳　阿依祖丽帕尔·买买提明

目 录

第一章 智者的眼中出乾坤
  第一节 万方乐奏有于阗 / 001
  第二节 初识艾力·卡德尔 / 005
  第三节 艾力·卡德尔的童年 / 013
  第四节 我要学笛子 / 016
  第五节 妈妈带我买笛子 / 021
  第六节 不怕学问浅　就怕志气短 / 026

第二章 勤劳的人成就事业
  第七节 谷要自长人要自强 / 030
  第八节 在大队宣传队如鱼得水 / 034
  第九节 兴冲冲走进公社宣传队 / 039
  第十节 吹拉弹唱无所不会 / 043
  第十一节 领导让他挑大梁 / 046
  第十二节 当建筑工摔伤之后的抉择 / 049
  第十三节 辞职容易挣钱难 / 054

第三章　有路标的人不会迷路
　　第十四节　盯住婚庆市场闯荡人生 / 058
　　第十五节　艾力·卡德尔收养义子 / 064
　　第十六节　要让徒弟也过上好日子 / 067
　　第十七节　他和徒弟的悲喜情缘 / 071

第四章　人民祈求安定
　　第十八节　宗教极端毁了我的幸福生活 / 075
　　第十九节　磨剪子菜刀很难糊口 / 079
　　第二十节　被逼无奈向政府开口要低保 / 083
　　第二十一节　买买提明为什么悄悄落泪 / 086

第五章　艾力·卡德尔的唢呐又吹起来了
　　第二十二节　艾力·卡德尔的唢呐又吹起来了 / 091
　　第二十三节　发放名片竞争市场 / 095
　　第二十四节　扩音设备使婚礼更加热闹 / 099

第六章　艾力·卡德尔的美丽梦想
　　第二十五节　预约电话多次打断采访 / 102
　　第二十六节　收费按质论价走市场 / 108
　　第二十七节　宁可少挣钱公益活动也要参加 / 116
　　第二十八节　妻子眼中的唢呐丈夫 / 120
　　第二十九节　畅谈人生的喜与悲 / 132
　　第三十节　艾力·卡德尔的美丽梦想 / 134
　　第三十一节　唢呐就是去极端化的晴雨表 / 136

第一章　智者的眼中出乾坤

第一节　万方乐奏有于阗

和田古称于阗，位于新疆南部，塔克拉玛干沙漠南缘，昆仑山北麓，境内东与巴音郭楞蒙古自治州的且末县交界，南与西藏自治区阿里地区相邻，西与喀什地区的叶城、巴楚、麦盖提县相连，北入浩瀚的塔克拉玛干沙漠腹地与阿克苏地区的阿瓦提县、阿克苏市、沙雅县接壤。

和田地区所辖七县一市，包括和田市、和田县、皮山县、墨玉县、洛浦县、策勒县、民丰县和新疆生产建设兵团第十四师及所属的昆玉市、一牧场、四十七团、皮山农场、二二四团。

和田历史悠久，据《山海经》和《穆天子传》记载，早在蛮荒时期，这里便有人类栖息活动，到公元前60年，即西汉神爵二年，西汉政府即在西域设立西域都督府，将和田纳入中国版图，之后中原历代政府都对和田多有管辖治理。尼雅遗址出土的东汉时期"五星出东方利中国"和"千秋万岁宜子孙"的织锦就是最好的例证，在中国历史上西域有4次大的屯田时期，分别是汉代、唐代、元代和清代，这4个时期几个朝代都派有军队驻扎在和田，为和田带来先进的冶金技术、农耕技术和水利技术，极大地促进了和田的农牧业生产发展。

和田对外人来说一直是一个非常神秘、非常特殊的地方，它是西域最早建立佛教文化的中心区域，佛教从印度传入中原的第一站就在和田，从汉到唐，中原人到印度学习佛教被称为"西天取经"，而和田寺庙林立，僧人云集，香火旺盛，则被人们称为"小西天"，有些由于种种原因去不了印度的僧人，能跋山涉水来到和田，回到内地全身也罩满了"小辉煌"。

外国学者一直对和田的汉唐文化十分着迷，自从20世纪初瑞典人斯文·赫定、英国人马尔克·奥莱尔·斯坦因和日本的大谷探险队在这里发现大批佛教文物以来，至今和田地区已经发现200多处汉唐时期的古城、古村、古寺遗址，其文物和遗址的密集度为世界所罕见。

和田自古以来就是多民族、多文化的交融荟萃之地，尤其是汉唐时期，作为绿洲丝绸之路上的重镇，和田在东西方文化交流史上曾经名声显赫，几番沧海桑田，如今这里是以维吾尔族为主的多民族聚居区，有汉族、回族、哈萨克族、柯尔克孜族、满族、蒙古族、藏族、土家族、锡伯族、乌孜别克族等21个民族。从起居饮食到婚丧嫁娶，从歌舞娱乐到劳作休息，都显示出浓郁的地域色彩。

和田文化底蕴非常丰厚，饮食文化中有令人馋涎欲滴的香馕、米肠子、面肺子、烤包子、拉条子、手抓饭、烤全羊、烤全牛、酸奶、烤鹅蛋等，无不令食客大饱口福，心生向往，饮食文化的多样性和独特性任何一个地区都不能比。

在中国的民族文化中，维吾尔族是最为五彩缤纷的，在任何一个小山村，总能看到鲜艳的服饰和精美的用具，无论是一块纱巾、一顶花帽、一件坎肩、一条裙子，还是一只木碗、一把手洗壶，都会被他们用非常的想象力制作得精美绝伦，和田尤为突出，这是和田维吾尔族人对美好生活的向往，也是与时俱进的必然。

走进和田，你还会看到葡萄的壮观、核桃王树的奇特、古街的幽深、居室里的斑斓色彩。

爱美的和田人从未改变对生活的不断创造和扬弃，且看中外驰名的和田特产艾德莱斯绸的斑斓，有人这样写道："织的分明是丝，却织进了阳光的七彩，蝴蝶一样的梦想，彩虹般的希望；编的分明是线，却编出了山的巍峨，水的灵秀，人的精神，物的韵致，时代的畅响。

最值得一提的是和田的维吾尔医药产业，其历史底蕴就源自回鹘医药，回鹘医生曾经作为大唐御医而闻名于世，回鹘医药一度流行于中原大地，对祖国医学有巨大的贡献。

特别是和田的玉文化，更是驰名中外，震撼世界。和田玉有着聚天地之精华、凝山川之灵气的美誉。据考证，早在6700年前，在昆仑山和黄河流域中原地区之间有一条玉石之路，在河南殷商武王之妻妇好墓出土的775件玉器中就发现和田玉雕占有相当的数量，这就已经说明早在6000多年前和田的昆仑美玉就已经传入中原地区，颇受人们青睐。此后从殷商的玉饰、周朝的礼器、秦代的玉玺、汉朝的玉衣、唐代的玉莲花、宋朝的玉观音、元代的渎山大玉海、明朝的子冈牌、清代的大禹治水玉山等，这些稀世珍宝都是用和田玉雕饰而成的，具有精湛的艺术风格和浓郁的民族特点。逐渐形成了中国特有的玉文化，至今为人们所喜闻乐见，以致多次引领了全国的玉疯狂。

热爱生活的和田维吾尔族人，至今仍保留着独具西域风格的民间乐舞和娱乐游戏，如十二木卡姆、夏地亚纳、纳孜尔库姆、萨巴依舞、巴拉曼、策勒情歌、热瓦甫木偶戏、叼羊大赛、高空走绳、赛马、斗鸡斗狗等，看得让人眼花缭乱，心旷神怡，激情澎湃。

在和田市广场和于田县中心广场，都有一个毛主席接见库尔班·吐鲁木老人时两人亲切握手的巨型雕塑，一直为各族人民所敬仰，这中间的传奇故事一直被世人津津乐道地传颂着赞美着，激励着一代又一代和田人热爱祖国。

和田的饮食文化，和田的丝绸文化，和田的地毯文化，和田的玉石文化，和田的乐舞文化，和田的丝路文化，和田的绿洲文化，和田的沙漠文化，和田的尼雅文化，和田的漂流探险文化，和田的胡杨文化等，是全国许多地方都不能企及甚至根本就无法比的。

毛主席不但亲切接见了和田老人库尔班·吐鲁木，还诗兴大发，步柳亚子《浣溪沙》之韵，高度赞扬和田的乐舞"万方乐奏有于阗"。

有人这样赞叹：西域的和田，新疆的和田，中国的和田，世界的和田。一个色彩斑斓的和田，谜一样的和田，永远值得人们细细咀嚼、慢慢品味的和田。

还有人这样说过：和田文化的博大精深，和田山川的广阔无垠，造就了和田许许多多有传奇故事的人，你随便提一个人，就可以作一首诗，就可以编一首歌，就可以写一个报告文学。

你真的不要不相信。

接下来我要讲的是和田一个名字叫艾力·卡德尔的民间艺人的传奇故事，它既有跌宕起伏的人生悲欢，又是一座时代的坐标，通过他的心路历程,可以窥见一个时代的缩影。

第二节　初识艾力·卡德尔

许多人都不相信,我会拿出大块时间和精力为一个素昧平生的和田农民写一部报告文学,凭什么?

当我要去和田采访艾力·卡德尔的时候,有人说:"你疯了吗?是不是脑袋进水了?"

我告诉他:"我没有疯,这是我经过反复掂量以后才做出的重大决定。这个农民值得我钟情,当然这里面肯定有他的故事和我采访他的理由。"

艾力·卡德尔个头不算太高,大概有一米七五,但在和田农村他那个年代的同龄人中,他的确算大个子了,他高高的鼻子,深深的眼窝,俊气的脸庞,穿着一身黑布棉衣,脸被强烈的紫外线晒得红扑扑的,说话还有点羞涩,他摘下厚厚的皮帽子,露出头顶和红红的脸膛,他一边摸着光秃秃的头顶,一边拉我们到他的库房去看,原来那里堆积着他制作好的一批手鼓、扬琴、唢呐。

我们一看大吃一惊,这个库房简直就是一个乐器展览馆。他说,如果不是宗教极端分子的干扰影响,他几乎每天都能够被人邀请出去吹唢呐,一天最少也要挣两三百块钱,加上再卖一部分自己制作的乐器,在农村那可是好光景了,可是已经六七年了,他的唢呐一直吹不成,乐器也卖不掉,磨剪子菜刀不是他的当家本领,收入也寥寥无几,自己的日子真的陷入前所未有的困境了。

艾力·卡德尔经常两只眼睛死死地盯着门口随风摇曳的新疆杨

树梢和那一堆推销不出去的乐器,不知人生路该怎么走,今后的日子又该怎么办?

我们立即采写了这样一篇新闻述评:请听新疆人民广播电台记者李隆、张辉、卡斯木,和田人民广播电台记者翟涛采制的录音述评:艾力·卡德尔的唢呐为何不吹了?

(出唢呐音)曾经用唢呐为群众婚礼助兴而声名远扬的和田民间艺人艾力·卡德尔,最近因为门前冷落车马稀,而改行磨菜刀,这让他感到了前所未有的失落和伤感。

今年67岁的艾力·卡德尔是和田市吐沙拉乡18村人,从15岁就开始学习吹唢呐、打手鼓,在民间演奏了50年。他告诉记者,过去请他演奏的人每天排得满满当当。(出录音)"每天结婚来请我的人,门口站了很多,他拉我,到我们家去给我吹唢呐、敲手鼓,表示我婚礼很喜庆。每天都很忙,那时候收入也非常好。"(录音止)

那么,艾力·卡德尔为什么不继续吹唢呐,而要改行磨菜刀呢?他说:(出录音)"因为宗教氛围比较浓厚了,乡里村里农民结婚就不让我们吹了。有一次,我们到洛浦县为一个老乡的婚礼助兴,结果有一个人过来就说,不要敲了,不要吹了,再敲就把你抓起来。"(录音止)

因为不让在婚礼上吹奏唢呐,所以他家没了这份收入,艾力·卡德尔的老伴吐逊尼牙孜罕·乌守尔告诉记者:(出录音)"以前好的时候,一天吹唢呐可以挣200块钱,他制作的手鼓、扬琴还可以卖钱,现在唢呐不让吹了,这些东西都卖不掉了。家里只能靠他磨菜刀挣一点钱。咋办呢?"(录音止)

婚礼上不让吹唢呐、不让唱歌跳舞,那曾经热热闹闹的维吾尔族婚礼现在是一种什么样的场景呢?刚刚为女儿办完婚礼的和田县罕艾日克镇农民吐尔逊·热合曼说:(出录音)"女儿结婚的时候没有吹唢呐,也没有跳麦西来甫,就吃了一顿抓饭、肉,根本没有以前热

闹。"（录音止）

是什么力量在破坏维吾尔族的传统，干扰群众的正常生活呢？新疆维吾尔自治区文明办未成年人思想道德建设工作处处长安尼瓦尔·托乎提一针见血地指出，是打着宗教旗号的伊斯兰宗教极端势力，（出录音）"维吾尔族会走路就会跳舞，会说话就会唱歌。现在社会出现了一种怪现象，有一种暗流，就是对民间艺人采取打压。结婚本来是个喜庆的事，载歌载舞，你现在不让跳舞、不让唱歌，算哪门子事！极端分子利用宗教无孔不入，我们是坚决不允许的。意识形态领域中的斗争异常激烈，这就是有些别有用心的人，扼杀现代文明、扼杀传统文明，就想把我们现代的生活、现代的文明拉向极端宗教。所以它的危害不言而喻，破坏我们美好的生活。谁能离开欢声笑语呀？人们都愿意在有美妙音乐的、欢乐的歌声中生活。如果任意地去发展，无论是哪个民族，它都是灭顶之灾！"（录音止）

艾力·卡德尔的唢呐从走俏民间到逐渐冷落，绝不是一个孤立的社会现象，这说明宗教极端势力已经对群众正常生活和传统习俗造成了严重的干扰和破坏。宗教极端势力为了达到他们扰乱社会稳定、破坏民族团结和分裂祖国的目的，把宗教极端思想与信教群众的生活联系起来，迷惑了一些不明真相的信教群众。对此，我们必须擦亮眼睛，认清它的罪恶本质和险恶用心。

最近，不少维吾尔族专家学者纷纷发表文章和谈话，强烈谴责伊斯兰极端宗教势力。新疆维吾尔自治区党校民族宗教理论教研部副主任艾尔西丁·阿木都拉表示：（出录音）"伊斯兰宗教极端主义完全违背了伊斯兰教主张的和平、反暴力的基本教义，也是当今世界上任何一个国家法律法规所不允许的。反对和打击宗教极端主义的渗透破坏活动，这不是民族问题，也不是宗教问题，而是一场严肃的政治斗争。宗教极端势力这个毒瘤不除，百姓则永无安宁之日。"

这篇述评播出后在和田地区引起很大反响，有人同情艾力·卡德尔的人生遭遇，有的对宗教极端分子无比愤慨，谴责他们破坏了人民群众的好生活，也有的人则对艾力·卡德尔表示非常不满，认为他一个吹唢呐的就不该把这样的事暴露给媒体，让和田人丢份，给和田人脸上抹了黑。

但这篇报道在和田高层引起了极大震动，和田地委有关领导认为：和田是共产党的天下，不是宗教极端分子和暴恐分子的天下，我们不能眼睁睁地看着坏人捣乱好人受气。

一场气壮山河的去极端化的攻坚战很快在和田打响，宗教极端分子和暴力恐怖分子将受到沉重打击，滋生他们的土壤将被铲除，艾力·卡德尔的唢呐不让吹的历史将一去不再复返。

自和田墨玉万人围捕暴恐分子之后，我一直在关注着和田的打击暴恐分子和去极端化取得的喜人成效。

2015年秋天，正是和田甜石榴和薄皮核桃硕果累累的时候，我突然接到北京电视台挂职和田广电局副局长翟涛的电话，他眉飞色舞地告诉我和田去极端化取得的显著成效，他说和田的夜市又热闹起来了，广场舞又跳起来了，单位门前的障碍也清除了，晚上人们走在街头平安无事，当时我简直不相信这是真的。

翟涛说："耳听为虚，眼见为实，不相信你就来看看。"

我相信这一天迟早总会到来，但没有想到会来的这样突然这样迅猛，而和田又是全疆反宗教极端取得最早胜利的报春鸟。

毫无疑问，艾力·卡德尔的唢呐声已经成了和田去极端化的晴雨表，标志性非常强。

我马上问翟涛："艾力·卡德尔的唢呐开始吹了吗？"

他说："绝对吹了。"

"真的？"我在电话中大声反问翟涛，我还是将信将疑。

他斩钉截铁地说:"真的,不信你来和田看看。"

草原上聪明的动物总是把吃不完的猎物埋藏起来,等食物少的时候再挖出来继续吃。艾力·卡德尔的这个线索不能就用那么一回,还可以接着让他持续发光发热,何况那次只是获得了中国广播电视提名奖,并没有获得中国新闻奖,而中国新闻奖才是新闻中最高奖项,是许多媒体人梦寐以求的目标。

那么,为什么不能从艾力·卡德尔的唢呐又吹起来了这个角度再写一篇新闻稿呢,这可是充溢着满满的时代正能量,大力弘扬时代主旋律的一篇好作品啊!我生性属猴子的,一有事就急得坐不住,有点猴急。

为了把事情搞得更扎实更靠谱,2015年隆冬季节,我让记者卡斯木到艾力·卡德尔的家走一趟,看看艾力·卡德尔的唢呐是不是真的又吹起了。

卡斯木很快回电话说:"我刚刚到他家去了,艾力·卡德尔的唢呐真的吹起来了,上门找他的人很多,收入比以前还要好。现在艾力·卡德尔高兴得很,他特别欢迎我们来采访。"

得到这个确凿的消息我们真是欣喜若狂,我和记者李隆、主持人何琳三人,立即从乌鲁木齐乘飞机赶往和田去采访这一具有特殊意义的稿件。

艾力·卡德尔的唢呐吹不吹,成了和田去极端化的温度计,社会安稳的晴雨表,以及新疆反恐维稳去极端化的重要标志。

我们采访了艾力·卡德尔和他的家人,深入挖掘他的唢呐人生经历和纷繁激荡的内心世界,还找他的徒弟和亲朋好友侧面了解情况,现场观摩别人请他吹唢呐的热闹情景,采访婚礼当事人。

最后又采制了这样一条具有很强时代感的录音新闻:艾力·卡德尔的唢呐又吹起来了。

和田市民间艺人艾力·卡德尔欢快悠扬的唢呐声，在销声匿迹七八年后，如今又回荡在乡亲们的婚礼上，使维吾尔族婚礼重新恢复了往日的热闹与喜庆。请听新疆人民广播电台记者李隆、何琳，和田人民广播电台记者翟涛、阿依祖丽帕尔·买买提明的报道。

（出婚礼唢呐音乐）昨天（11月19日），是和田市依里其乡农民阿不都·艾则孜儿子的新婚大喜，他请来了当地家喻户晓的民间艺人艾力·卡德尔和他的徒弟敲手鼓、吹唢呐，亲朋好友们伴随着音乐跳起了欢快的麦西来甫。

阿不都·艾则孜说，能请到艾力·卡德尔为儿子婚礼助兴很幸运。（出录音）"婚礼就应该热闹一些，所以我们就把他请来了。3天前就打电话了，因为他在我们这里很出名，很多人都请他。"（录音止）

今年70岁的艾力·卡德尔是和田市吐沙拉乡喀提其村人，从15岁起开始学习吹唢呐、打手鼓，在民间演奏了50多年。他告诉记者，10年前请他演奏的人非常多，有时一天甚至接到两三家的邀请，每次都有一二百元的收入。但是从2006年开始，他的演奏却受到了村里宗教极端分子的干扰。（出录音）"我去朗如乡的一个村演出，有一个小伙子过来恶狠狠地对我说，别再吹了，不然我就砸了你们的乐器。"（录音止）

宗教极端分子还威胁村里百姓，结婚不许唱歌跳舞。因此，谁也不敢再邀请艾力·卡德尔为婚礼助兴，于是曾经热闹喜庆的婚礼变得冷冷清清。从此，艾力·卡德尔的唢呐销声匿迹，他不得不改行磨菜刀，收入和生活都受到很大影响。艾力·卡德尔的老伴吐逊尼牙孜罕·乌守尔告诉记者：（出录音）"以前好的时候，一天吹唢呐可以挣200块钱，他制作手鼓、扬琴还可以卖钱。现在唢呐不让吹了，这些东西都卖不掉了。咋办呢？"（录音止）

婚礼不许唱歌跳舞，葬礼不许哭泣，这一怪现象引起了住村工作组的高度重视。住村工作组组长、和田地区人大工委副主任、和田地区扶贫办党组书记车玉生告诉记者：（出录音）"我们对宗教极端思想进行了严厉打击。另外，我们还入户走访宣讲去极端化，哪些东西是对的，哪些东西是不对的。通过一段时间的宣讲以后，情况就有所好转，唢呐一吹起来，群众都自发地跳了起来，我们这个老艺人现在忙得不亦乐乎。"（录音止）

艾力·卡德尔的唢呐又吹起来了，这让他兴奋不已。（出录音）"政府的各项工作做好了，我就可以开开心心地去演奏，今天这个婚礼办得特别热闹。我去年做了肾结石手术，身体不好，但一吹唢呐，我就特别精神。"（录音止）

和田地委委员、宣传部部长顾莹苏表示，和田今后将更加关心像艾力·卡德尔这样的民间艺人，让全地区2000多位民间艺人在传承民族文化和去极端化方面发挥更大作用。（出录音）"在我们'十三五'的文化产业发展里面，我们专门提到了一项，对民间艺人在资金、在他们的生活等各方面给予照顾。它就是我们群众最喜闻乐见的一种形式，再一个它又是维吾尔族传统文化的承载，这个要把它传承下来。"

这篇稿件在新疆人民广播电台及和田人民广播电台用汉语和维吾尔语播出后引起的巨大反响让我始料未及，新疆生产建设兵团副政委宋浩在第一时间打电话给和田广电局挂职副局长翟涛，说他收听了这条消息后感到非常的震惊与鼓舞，他为和田在这样快的时间就取得去极端化如此巨大的成绩感到由衷的高兴。作为一个干部，宋浩一直为南疆的稳定担忧，南疆不稳定，全疆不稳定，新疆不稳定，全国难稳定，作为土生土长的南疆人，他期盼着南疆人民早日过上幸福和谐安稳的生活。

在与艾力·卡德尔的采访接触中,我发现从艾力·卡德尔的故事中,能够看到一个时代的变迁,能看到邪不压正的历史必然,艾力·卡德尔其实就是新疆坚决打击暴力恐怖,去宗教极端化的一个缩影。为什么不写一本书呢?

我立即拨通了新疆电子音像出版社于文胜社长的电话,和他商谈如何对这个线索进行深度挖掘。

他一听就激动地说:"这是一个充满时代正能量的题材,为什么不深入挖掘,写一部有时代感的报告文学呢?我们出版社需要这样接地气、富有时代特色和新疆特色的作品!"

是呀,光写一两篇新闻稿就一走了事,有点太可惜了,2013年我和记者徐杰采访的中国最美村官刘国忠一稿,在获中国新闻奖的同时不是也出版了一部报告文学吗?这部以中国最美村官刘国忠为题的报告文学出版后,新疆维吾尔自治区党委常委、宣传部部长李学军还在新疆纸质媒体发表了《我给大家推荐一本好书》的文章。

2014年我和佟慧娟、何琳采访湖南大学生范尉帮助塔城残疾女孩小雪站起来一稿获得中国新闻奖的时候,不是也利用大量材料撰写了报告文学《小雪的春天》吗?

艾力·卡德尔的这个材料这么感人,怎么能够随手丢弃呢?得之太不易,弃之很可惜,做了一辈子新闻宣传,应该知道这个菜放到什么篮子里。

我决定留下来,走近艾力·卡德尔的真实生活,走近艾力·卡德尔的心灵深处,穿越艾力·卡德尔经历过的漫长的岁月时空,把他多样的唢呐人生和坎坷的唢呐生活经历晒出来,在和田的文化多样性上再加上浓浓的一笔,让和田的多样文化更加绚丽多彩,同时把过街老鼠宗教极端化也晒出来,让人们看看这是一个什么样的货色,它究竟麻痹和坑害了多少善良、忠厚、老实的维吾尔族人。

第三节 艾力·卡德尔的童年

艾力·卡德尔悠扬的唢呐在和田地区都是出了名的,要是有一天政府给民间艺人评职称,我认为艾力·卡德尔有望至少评为副高级。

但和田许多人还都不知道,真正引他走上唢呐之路的却不是唢呐,而是一根用苞谷秆做成的笛子,那为啥不继续吹笛子又改吹唢呐呢?

要解开这个谜团,时光要倒流几十年才能说得清楚。

1944年12月12日是"双十二",在农村这是一个多么喜庆的日子啊!

就在这一天,和田市吐沙拉乡18村的卡德尔和艾力斯汗生下了他们的第四个孩子,取名艾力·卡德尔。

在艾力·卡德尔出生之前,他的爸爸老卡德尔和母亲艾力斯汗已经生了一男两女三个孩子,老大是儿子,名叫买买提依明·卡德尔,大姐名叫肉孜·尼亚孜汗,二姐名叫吐逊·尼亚孜汗,哥哥和姐姐的年龄是按照3、6、9排的,他是老四,又是一个儿子,老卡德尔和艾力斯汗自然喜上眉梢。

在古老的和田农村,一个农户生两男两女那自然是最好的人口结构,那可是烧了高香,老两口自然对这个最后来到世上的孩子疼爱有加,视为掌上明珠。

在艾力·卡德尔出生的时候,中国还处在万恶的旧社会,和田大片土地都被地主巴依霸占着,那时交通又不方便,信息十分闭塞,周围是连绵的大沙漠,大家的日子都很艰难,按照当地维吾尔族人的习俗,维吾尔族人迎接生命的仪式必须要有诞生礼、命名礼和摇床礼,一般的富户人家诞生礼在孩子准备出世前就马不停蹄地开始了,如寻找9户儿女双全、家庭和谐幸福的人家,作为孩子法定收养人,向9户人家讨要9块布缝制婴儿服,向9户人家讨取9捧面粉,在9处地方舀取9碗水,以便和面做馕,在孩子出生时招待宾客,要做抓饭或做拉条子,数字9是个位数中最大数,在这里代表丰裕,象征着父母对孩子旺盛生命力的期待。

艾力斯汗问丈夫老卡德尔:"这个仪式还搞不搞?"

卡德尔无奈地说:"算了吧,咱们家里穷,搞不起,要搞全村的人都得请。再说是请穷人,还是请富人?如果光请穷人,富人不请的话,我们还去不去人家家里扛长工?要是光请富人不请穷人,在左邻右舍面子往哪里搁。吃饭时人家都搞流水席,需要多少米做抓饭,需要多少面做拉条子,我们能掏得起吗?"

艾力斯汗六神无主地问老卡德尔:"那怎么办?"

老卡德尔说:"你没有听过维吾尔谚语有这样一句话吗?破墙头上多麻雀,穷人家里多困难。在这个问题上我们必须实事求是,量入为出,否则我们就会高高兴兴办一次,穷困潦倒过一年。"

艾力斯汗一听也对,在这个问题上一点也不能搞攀比。她对丈夫说:"就按你的意见办,咱们不能打肿脸充胖子,还得实事求是。"

卡德尔说:"这就对了,维吾尔人有句谚语说:商量做事不会错,袍子宽大不会破。没有比智慧更宝贵的财富了。"

古老的和田是一块完全封闭的绿洲,交通十分落后,光是那连绵的大沙漠就让许多人知难而退,想闯出去混口饭吃那要比登天还难。一家人全靠爸爸老卡德尔四处给巴依放羊、喂牛维持艰难的生活。

老卡德尔辛劳一生,吃尽了人间苦,由于不堪忍受贫困交加的痛苦煎熬,他没有迎来"一唱雄鸡天下白"的穷人翻身得解放的那一天,就抛下4个年幼的孩子和年轻的老婆撒手西归,那一年艾力·卡德尔只有3岁。

老卡德尔是这个家的精神支柱和生活的靠山,有他和没有他完全不同。他一走,这全家5口人的生活担子就一下全落在了母亲艾力斯汗和哥哥买买提明·卡德尔肩上,艾力斯汗没黑没明地给巴依洗衣、做饭干零活,大哥买买提依明·卡德尔给人放羊喂牛,但还是很难养活一家人。有人劝艾力斯汗:赶快让大女儿肉孜·尼亚孜汗出嫁,走一个就少一张嘴,减轻一份负担。

艾力斯汗说:"女儿肉孜·尼亚孜汗还小,这样早出嫁女儿会遭许多罪。"作为母亲她真的不忍心,作为过来的人,她对女儿早婚所受的苦难要比一般人感受要深。

有人又劝她说:艾力斯汗,你不要脑子一根筋,一定要活泛一些,4个孩子你能养活的了吗?要不干脆把小儿子艾力·卡德尔送给家境好的人家,现在活一个是一个。

"你说什么呢?小儿子艾力·卡德尔可是我的一块心头肉,我无论如何也舍不得送人。何况我还在丈夫卡德尔去世时发过誓,就是再苦再累,我也要把几个孩子养大。"

艾力斯汗永远忘不了丈夫去世前一直闭不上的那双眼睛。就在她苦苦煎熬,几乎就要扛不住也想逃避苦难,追随老卡德尔去天堂的时候,由著名将军王震领导的人民解放军二军指战员遵照毛主席和朱德总司令的命令,扛着飘扬的五星红旗,从乌鲁木齐出发,雄赳赳气昂昂,迎风战雪,昼夜兼程,横穿塔克拉玛干大沙漠,一路消灭残匪,把五星红旗插到昆仑山下,解放了和田大地,砸碎了套在和田人民身上的铁链和枷锁。翻身解放了的和田各族人民载歌载舞,昆仑山下一片歌舞欢腾。

在打土豪分田地的土改运动中,艾力斯汗一家不但分得了几亩土地,还分到两只羊,她又买了几只鸡,他们一家和许多翻身解放的穷苦人家一样,对美好的新生活充满着无限期待,对新中国和毛主席充满无限的热爱。

有一天,喜鹊在树上喳喳地叫个不停。艾力斯汗把小儿子艾力·卡德尔和二女儿吐逊·尼亚孜汗叫到一旁说:"以前家里太穷,你们的哥哥和大姐都没有进过学校,这在你爸爸心里留下了深深的遗憾,现在就是再困难,我也要把你们送进学堂识文断字,今后有个好前景。"

在艾力·卡德尔的记忆中,大姐肉孜·尼亚孜汗十几岁就被一个男人领走,成了人家的新娘,生活质量一直很差。而二姐吐逊·尼亚孜汗学习刻苦,从和田专科学校毕业后分配到和田县塔瓦库勒乡当了老师。二姐成了艾力·卡德尔心头的一盏明灯,也是他一生中最羡慕和最值得骄傲的人。

第四节　我要学笛子

艾力·卡德尔小的时候,妈妈艾力斯汗就常常教育他,做人要向上、向前、向善,努力学一门技艺。维吾尔谚语常说:"家有珠宝满箱,不如技艺在身,技艺是取之不尽的财富。"维吾尔谚语还说:"没有意义的青春如同河滩上的乱石。"可是在当时这样一个穷乡僻壤,能学到什么技艺呢?

维吾尔谚语里有这样一句话:"天亮靠太阳,心亮靠觉悟,奋斗成就男人。"他把这句话作为人生的座右铭牢牢记在心里,不断激励自己。

  他经过认真的观察发现,他所在的吐沙拉乡喀提其村有个名字叫居里马洪的人,劳动之余经常在村头一棵核桃树下吹笛子,他吹的维吾尔族民歌《牡丹汗》和情歌《阿拉尔汗》歌声悠扬委婉动听,只要一听到居里马洪吹笛子,艾力·卡德尔准会跑过去在那里专注地听,艾力·卡德尔是居里马洪最早的听众和最忠实的粉丝之一。

  但让艾力·卡德尔始终也弄不明白的是,一根空心竹子上掏出10个小眼眼,居里马洪薄薄的两片嘴唇一吹,腮帮子一鼓,10个指头一动,就能发出那么美妙的声音,他咋就那样能呢?

  他想维吾尔谚语中不是早就有人说过,"千学不如一看,千看不如一练;不下水一辈子都学不会游泳,不扬帆一辈子都不会撑船"吗?这就和汉语中说的"临渊羡鱼,不如归而结网"一样,光看不行,必须要实践,还要勤学苦练,熟能生巧,这个理他懂。

  他睁着一对明亮的眼睛,吐着舌头,壮着胆子对居里马洪说:"阿康(大哥的意思)能不能让我也吹一下。"

  居里马洪笑着问他:"你也想学吹笛子?"

  艾力·卡德尔小鸡叨米似的连连点头回答说:"是的。"

  "给你。"居里马洪说完,便把笛子递给艾力·卡德尔让他试试。他好奇地看着这个少年抓弄着他并不熟悉的笛子。

  艾力·卡德尔接过笛子后才发现在居里马洪得心应手的笛子,自己根本就玩不转,因为这根笛子有50厘米长,10个眼子均匀的分布在上面,自己的小手怎么也盖不住笛子眼,多数暴露在外,到处跑风漏气,根本就吹不成调。居里马洪便对他说:"急躁的人碰鼻子,稳重的人得实惠,要想学好笛子,还得好好下工夫,只要功夫深,铁杵磨成针。"

  艾力·卡德尔想,居里马洪说得对啊,不练永远学不会。他问居里马洪:"哪里有卖小笛子的?"

居里马洪说:"大笛子公社巴扎上就有,但小笛子还没有见过。"

艾力·卡德尔问:"我自己能不能做一个笛子吹?"

"怎么不行,笛子不都是人家做出来的吗?可惜咱们这里没有竹子。"居里马洪说:"孩子记住,与其说没有法子,不如说没有脑子。智者永远受人仰慕,愚者经常受人唾弃。"

对啊!男儿要是没有智慧,那等于马儿没有嚼子。一个人要成功就必须把命运的缰绳牢牢地抓在自己手里。

说起来容易做起来难。艾力·卡德尔满怀希望到处找啊找啊,但在整个喀提其村可以说是找不到一根可以用来做笛子的竹子,这使他非常失望。

没有竹子,这不能怪和田人,因为精美的玉石和做笛子的竹子不可能都长在昆仑山上。就像鱼和熊掌不能兼得一样。但这没有难住激情澎湃的艾力·卡德尔。他发挥充分的想象空间,从刚收完庄稼的地里找来玉米秸秆,用烧红的铁丝把里面的瓤子掏空,再按照笛子的要求,用铁丝烫出一个个圆圆的眼眼,虽然发声不如笛子那样周正,但还是可以发出声音来。他高兴地带着自己的玉米秆笛子来到学校,让这个同学看看,让那个同学瞧瞧,希望得到大家的赞许。谁知同学们看完后并没有给他期许,而是个个笑得人仰马翻,说他太夸张,还有人嗤笑他不知天高地厚。有个调皮的同学一把抢过艾力·卡德尔用玉米秆精心制作的笛子说:"你这哪里是笛子,分明就是一节玉米秆子吗?"说着一捏就破了,引来许多学生的笑声。

艾力·卡德尔想,维吾尔谚语不是说过,"山是一步步登上去的,船是一撸一撸摇出去的,不怕百事不利,就怕灰心丧气"。他决心朝着他既定的目标冲刺,不达到目标决不收手。

放学回家后他又如法炮制,轻车熟路地做了一个,第二天又带到学校,他坚信"不磨不练,难成好汉"的死理,一有空就坚持练习。他想只要有恒心,就能数清星星。果不其然,时间没有愧对艾力·卡德尔的付出,经过反反复复做了几十个玉米秆子的笛子以后,他也能像模像样地吹出维吾尔族民歌《阿拉尔汗》了,这让许多人惊叹不已。

艾力·卡德尔坚持不懈的努力,一直没有逃过居里马洪的眼睛,有一次他让艾力·卡德尔吹了几个曲子后高兴地对他说:"艾力·卡德尔,你真的很了不起,今后继续好好练习。人贵在有恒心,只要发愤图强,你就必成大器,要是今后给你一个平台,你将前途无限。"

鼓一打就响,好灯一拨就亮。艾力·卡德尔坚持不懈地勤学苦练,他相信总有一天必会成功的。艾力·卡德尔的妈妈虽然大字不识一个,但他也能够听出个子丑寅卯来,特别是听左邻右舍的婆娘媳妇在她面前不断夸奖,自己经常也乐得嘴都合不拢。但儿子到底吹得好不好,他心中无数。

快乐的女人一般心里藏不住事。有一天她专门找到天天吹笛子的居里马洪,问儿子艾力·卡德尔现在吹得怎么样,今后有没有发展?

居里马洪说:"天鹅有飞翔的翅膀,英雄有自己的利剑,智者靠智慧生存,愚者靠体力过活,技艺是取之不尽的财富,只要有一门技艺在身,就会产生生机勃勃的向上力量。别看这孩子小,笛子学得很认真,进步很快,目前能吹到这个水平,完全出乎我的预料。"

艾力斯汗说:"咱们这里就你一个会吹笛子的人,你就当他的师傅,好好教教艾力·卡德尔,让他快快成长。"

居里马洪还对艾力斯汗说:"大婶,你让我教他可以,但也不要太抠门了,拿出一点钱给儿子买一个好笛子,要吹就让他好好吹。有用的石头不嫌重,学好这个活,说不准这今后就成了他吃饭挣钱的营生了。你看,和艾力·卡德尔同龄的小伙伴,不是抓鸽子,就是赶鸭子捉迷藏,还有的成天不学好,就知道偷鸡摸狗拔蒜苗。可艾力·卡德尔带着一支用玉米秆做的笛子,走到哪吹到哪,而且现在吹得有模有样。"

艾力斯汗一个妇道人家还能说什么呢?她只是一个劲地说:"好,好,这个笛子我一定要买,一定要买,就让他好好的吹,吹出人生的精彩来。"

有一天,居里马洪让艾力·卡德尔把他用玉米秆做的笛子拿来,他一看全部用脚踩碎。

艾力·卡德尔生气地问:"你为什么把我的笛子全部弄坏呢?"居里马洪对他讲了这样一个故事:一个年轻人想向苏格拉底学哲学,苏格拉底把他带到河边,突然把他推入河中,年轻人以为开玩笑,结果苏格拉底也跳入水中,且拼命地把他往水底按,年轻人慌了,本能令他拼尽全力推开苏格拉底爬上岸。年轻人不解地问他为什么?苏格拉底回答说:"我只想告诉你,做什么事情都必须有绝处求生那么大的决心,才能有真正的收获。"

"你要是玩儿,拿一个玉米秆笛子完全可以,但想在吹笛子上有所收获,必须尽快买一支像模像样的好笛子。否则,你将永远一事无成,有时候投入和产出是成正比的,舍不得兔子套不了鹰。"居里马洪说。

艾力·卡德尔听到了,也听懂了,但他苦于自己口袋里没有一分钱,要买一支好笛子,还得靠妈妈大发慈悲。

第五节　妈妈带我买笛子

艾力斯汗虽然说是一个妇道人家,但她心里却敞亮得很,她知道"开头懒得走,后来就得跑"的深刻道理,也懂有知识的儿子会比父亲更出色。你看看,她含辛茹苦的把小女儿培养成中专生,现在体体面面的在学校当老师,不但女儿走在人前面有精神,就是自己也觉得脸面有光,她不光是个人的幸福,而且是一个家族的荣耀。

这是1959年的夏天,艾力斯汗从居里马洪那里了解到吹笛子对开发儿子艾力·卡德尔的智力和音乐天赋都有极其重要的作用,也知道了居里马洪为什么要踩碎艾力·卡德尔玉米笛子的初衷。这回说什么也要为儿子买一个正儿八经的笛子,让他好好吹吹。

一个名字叫沙吾提的邻居知道消息后也说:"艾力斯汗,你今天的决定没有错,就是有点晚,人们都说:树怕烂根,人怕无志,鸟贵有翼,人贵有志,你们艾力·卡德尔就是一个很有志向的人,在培养上一定要舍得花钱。"

沙吾提还说:"话又说回来,买一只笛子才能花多少钱,可是今后学好本领就会挣大钱,这个账咱农民算起来也不糊涂,谁心里都亮堂得很。"

艾力斯汗一听心头乐开了花,更坚定了给儿子艾力·卡德尔买笛子的决心。她想,只要艾力·卡德尔今后有出息,就是砸锅卖铁也值。培养孩子就像伺候庄稼,没有不施肥、不浇水的庄稼就能结出累累硕果的,也没有见过不付出极大努力就让鲜花盛开的,哪一个鸟娃子不是无数小虫虫喂大的。

南疆的巴扎很热闹,一大早,人们就来到约定的一大片空地上抢占有利的地势,摆上家什,卖吃的、用的。巴扎上玩斗鸡斗狗的、杂耍唱戏的,还有吆喝着一串羊娃子肉5分钱,不香不要钱的。当时只要有5分钱就可以买一个馕,再用5分钱买一碗酸辣凉粉,就可以美美地吃上一顿。来这里逛巴扎的人有的是买卖东西的,货币可以交易,也可以以物换物。还有的纯粹是看热闹感受气氛的,也有的是充当掮客,在别人交易时主动出面,促成交易后混一顿饭吃或弄几个小费。巴扎就是一个五光十色的大千世界,也是一道物资流通、感情碰撞的靓丽风景。

但这次艾力·卡德尔跟着妈妈来巴扎是专门买笛子的,他事先已经侦查得很清楚,妈妈这回身上带了不少钱,大约有一块多,当然这些钱都是妈妈卖鸡蛋攒下的钱,当时一个鸡蛋才两分钱,所以攒下这些钱已经很不容易。他发现妈妈一路上都把口袋捂得很紧,生怕钱丢了,所以艾力·卡德尔两只眼睛就像猎隼捕抓鸽子一样四处寻找,生怕因为没有发现笛子而错过买笛子的机会。他心里非常清楚,妈妈虽然这次带他买笛子有热情,但如果一时找不到笛子,妈妈的热情很快就会由热变冷,在生活必须支出和买笛子的天平上,妈妈不能不考虑全家人的生活,柴、米、油、盐、酱、醋、茶,那一项不需要钱,只要有哪一项东西的使用价值超过笛子,妈妈都会用不容置疑的理由推翻买笛子的计划。

但艾力·卡德尔太希望有一支居里马洪那样的笛子,他想有了这样一支笛子,他就会像披挂上阵的将军天天去上战场、去厮杀,就会像一个乐手,让悠扬的笛声在喀提其村上空久久回荡,让音乐给全家人甚至全村的人带来幸福。

艾力·卡德尔马不停蹄,急急忙忙用手推搡着熙熙攘攘阻挡他前进的人,就像一条泥鳅一样穿过拥挤的人群不断寻找着,找呀找呀,他突然发现有一个白胡子老人坐在一块石头上正喊叫着兜售一堆笛子。

艾力·卡德尔迫不及待地几步跨过去一看,有好几支笛子,他抓起其中一支不大不小的笛子就情不自禁地吹了起来,他边吹边自言自语地说:"嗨,终于让我找到了,这比玉米秆做的笛子强百倍。"老人一听立马露出满脸的喜色。

可艾力·卡德尔没有想到他犯了一个大错,如果他一开始故意说这个笛子不太好,那他们就会有讨价还价的机会和回旋的余地,可他一开始就无限放大地夸这支笛子好,现在价格上丝毫没有讨价还价的余地了,因为卖笛子的老人已经知道这个小伙子一直在巴扎上找笛子,说明今天在巴扎上卖笛子的只有自己一家,别无分店,价格的缰绳牢牢地抓在自己手中。

艾力斯汗小心翼翼地问老头:"这只笛子多少钱?"

老人早已胸有成竹,慢条斯理地说:"三角钱。"

艾力斯汗问:"能不能便宜一点,两角五分行不行?"

老头说:"三角钱就算便宜的了,你还想少给五分钱,不行,实际上我就只赚那5分钱,少给一分都不行。"

艾力斯汗一看价格被老头逼上死角,根本就没有回旋的余地。这时有个像托的人走过来从艾力·卡德尔的手里拿过笛子问老头,这把笛子多少钱?

老头说我给他们开价三角钱,他们还嫌贵,我们正在讨价还价呢。那个人说,不要给他们卖了,我给你四角钱。这把笛子我要,他们就不识货,你们看看这是哪里产的,这是真正的扬州紫竹笛子,这可是货真价实的好笛子。

他转过身问艾力斯汗,是你要买笛子吗?这个托表现得咄咄逼人。

艾力斯汗说："不是我要,我都这把年纪了,还吹什么笛子?是我儿子要,他以前没有笛子,一直都是吹自己用苞谷秆做的笛子,拿到学校都遭到同学耻笑。"

"还会有这样的事?那你为什么不给你儿子买一只好笛子让他好好吹呢?"

艾力斯汗羞涩地说："不是没有钱吗。"

那个人指着艾力·卡德尔问艾力斯汗："这是你儿子吗?"

艾力斯汗忙点点头说："就是给他买的,天天要我给他买笛子。"

那个人很内行地说："给孩子买一个好笛子,这叫智力投资。"

艾力斯汗一看这个人好像很懂行,就赶忙向他讨教,问什么样的笛子好?

那个人好像百事通一样口若悬河地说："一般笛子中有苦竹笛子、紫竹素笛、红木笛子和极品凤眼笛子,还有更高级的不锈钢笛子、铜笛子,中国笛子多出于余杭、扬州、南湖,甘肃敦煌也出笛子,当然最好的是阿富汗竹节白玉笛子,他的专业音准很好,但一般人买不起,初学者大部分都是学生,就像你儿子一样,一般都吹竹笛。"

艾力斯汗听得一头雾水,她问："你看哪一支笛子适合我儿子吹?"

那个人看着艾力·卡德尔拿的那一支笛子说："你儿子现在拿的这只笛子就很适合他。"

他一边手拿笛子在空中划拉着,一边说："你们看,这只笛子不长不短,材质也好,颜色也正,而且很皮实,价格也很合适,才三角钱,非常便宜。"他一看艾力斯汗光动嘴皮子,就是不掏腰包。赶忙问："这支笛子你们要不要,你们要是不要我要了,我儿子也想要一支笛子学学呢。"

那个人说着马上装出一副就要掏口袋付钱拿走笛子的样子。

艾力·卡德尔赶忙从那人手里一把抢过笛子说："我们已经说好

价格了,这笛子我要了,你儿子想要你再选吧,不要打我的笛子的主意,这笛子是我挑选的。"要是说刚开始艾力·卡德尔显得很嫩的话,这回倒表现出很强硬、很坚定、很少年的样子。

艾力斯汗一看这情形,一是生怕失去机会,二是怕老汉再涨价,赶忙掏了三角钱交给了老头说:"给你钱,这笛子我们要了。"那人一看成交后满意的打了一声口哨扬长而去,卖笛子老人赶忙喊他,他说:"我等一会儿再过来。"他们之间有什么秘密艾力斯汗和艾力·卡德尔自然弄不清楚。

这时艾力·卡德尔又发现一支巴丽曼,赶忙对艾力斯汗说:"妈妈,这里还有一支巴丽曼,我也想要。"

艾力斯汗问:"什么叫巴丽曼,不是买了笛子吗,要巴丽曼干吗?"

艾力·卡德尔说:"笛子是横着吹,巴丽曼是竖着吹,就和汉族人吹的箫没有两样。"他恳求妈妈把这支巴丽曼也买下。

艾力斯汗悄悄问卖笛子的老汉:"这个巴丽曼要多少钱。"老汉说:"也是三角钱。"艾力斯汗一看刚才当托的那个讨厌的人不在了,赶忙说:"刚才我买了你的一支笛子,你也没有让价,现在这个巴丽曼两角钱算了,再说笛子好卖,巴丽曼不好卖,你看咱们这里的人有谁吹这样的东西。"

老头也是一个干脆人,右手掌往外一推,干脆利落地说:"两角五分钱拿走吧,一看小伙子就是一个喜欢笛子和巴丽曼的人,赔钱也给。"

艾力斯汗又掏了两角五分钱买下了巴丽曼,艾力斯汗生怕艾力·卡德尔又提出要买其他东西的要求,把剩下的几角钱花光,家里再有个花钱的地方就没有了,也就没有心思到处再闲转,赶忙收拾好笛子和巴丽曼,谎称口袋里再也没有钱了,就哄着艾力·卡德尔急急忙忙回家了。

第六节　不怕学问浅　就怕志气短

买回笛子以后,艾力·卡德尔真是有点爱不释手,每天晚上都是抱着笛子睡觉。

他拿着笛子兴冲冲地去找居里马洪,见到居里马洪以后就大声说:"居里马洪大哥,我的笛子买回来了,你看好不好?"

居里马洪没有巴扎上的那个托能说会道,但他的优势是会吹,他从渠道边上顺手折断一根芦苇秆,剥下一块笛膜往笛子眼上一贴,很快又吹出了难度较大的《牡丹汗》,那悠扬凄婉的笛声如诉如泣,把《牡丹汗》的爱情故事吹得催人泪下。

艾力·卡德尔问居里马洪:"你怎么吹得这么好听?"

居里马洪说:"不是我吹的好听,是这个故事真的太感人了。"

"《牡丹汗》的歌曲里还有什么故事吗?"艾力·卡德尔惊奇地问。

居里马洪说:"你不知道故事就吹不出感情来,生动的故事是歌曲的魂。艾力·卡德尔非常想知道这首歌曲里隐藏的神秘故事。"

《牡丹汗》的歌词大意是这样的:

你是我生命的力量,
　啊!亲爱的姑娘啊,牡丹汗。
你是我黑夜里的月亮,
　啊!我的姑娘,亲爱的牡丹汗。
月亮躲在云彩的后面,
　啊!亲爱的姑娘啊,牡丹汗。

> 晨风莫吹散了我的思念，
> 啊！我的姑娘，亲爱的牡丹汗。

每当听到这凄婉深情的旋律，人们总是为100多年前牡丹汗凄美的爱情故事所感动。这首美丽的歌曲在世间传唱，还得感谢西部歌王——王洛宾先生。1950年王洛宾到新疆裕民县采风，他遇到了一个81岁的老奶奶加玛汗，加玛汗用动人的歌声给他讲述了维吾尔版的梁祝故事。富家美丽姑娘牡丹汗在巴尔鲁克山遇到一位民间艺人，这小伙子才华横溢又英俊潇洒，顿时赢得姑娘芳心，然而牡丹汗显赫的家族断然容不得她与流浪艺人相爱，她的父亲把她关在地洞里。然而她痴心不改，想方设法跑出去与小伙约会，追赶而至的父亲怒不可遏失手用皮鞭打死了女儿，流浪艺人赶到时看到的仅仅是一座凄凉的坟茔，对着坟茔他失声痛哭，"你是我黑夜里的月亮啊，你是我生命的力量"！歌毕便泣血而亡。

西部歌王王洛宾知道这个故事以后，就收集整理改编成了现在这首歌。

还有一个版本：说这是一百来年流传于维吾尔族民间的一首民歌。说是一个维吾尔族小伙子爱上了一个回族姑娘，双方家人强烈反对，于是两人选择了私奔，结果在半路被管家抓了回来，捆在大树上被父亲用皮鞭活活打死。也有学者近来考证说牡丹汗是一个汉族姑娘，家住惠远城，和一个维吾尔族小伙相亲相爱，但一个伯克的儿子也看上了漂亮的牡丹汗，后来他唆使人害死了维吾尔族小伙子，牡丹汗闻讯后悲痛不已，最后自尽而死。无论如何，这凄美的故事都激起善良的维吾尔族人的满满感情，后来，牡丹汗的故事就以维吾尔族民歌的形式，在伊犁民间传唱不衰，不仅维吾尔族人唱，汉族、回族也唱，人们聚会总少不了这首歌曲助兴，每当人们唱或听到这首歌曲时，它那深沉和悲伤的情调，总是让人眼里溢满了涩涩的泪水。

居里马洪问艾力·卡德尔："你学过歌谱吗？"

艾力·卡德尔说："没有。"

"那你知道吹笛子先学那个调吗？"居里马洪又问。

"也不知道。"艾力·卡德尔羞涩地回答。

居里马洪告诉艾力·卡德尔："吹笛子的人一般都要掌握好C调、D调、E调、F调、G调，初学者也要掌握好C调、F调和G调，还要学会变调，这样吹出来才抑扬顿挫、委婉悠长。"

艾力·卡德尔问居里马洪："那我从来就没有学过音乐，又不识谱怎么办？"

居里马洪说："以前你用玉米秆吹着玩儿倒是可以，但你要吹精吹好，那就要学会识谱、懂调，学会变音，这都是吹笛子的基本功，没有扎实的基本功，终将半途而废。"

"那我不识谱怎么办呢？"他急切地问居里马洪。

居里马洪对他说："那不要紧，人怕没志，树怕没皮，不怕百事不利，就怕灰心丧气。只要你努力，一定会成功。"

那时候也没有现在这么多的学习班和短期培训班，他也不知道外边的世界有多大，他这时候只感觉到村里就居里马洪最能，在他心中就两个偶像，一个是北京的毛主席，再一个就是村里的居里马洪。他就索性拜居里马洪为师，老老实实的跟他学，不知不觉的居里马洪发现艾力·卡德尔吹得越来越有样。不但学会了吹《阿拉尔汗》，还会了吹《牡丹汗》。村里许多人一看这小伙子尽管穿的衣服很破旧，但人长得挺俊，又会吹笛子，还不惹是生非，就像一根枝叶茂盛、挺拔而立的新疆杨一样，大人小孩都很喜欢他。

妈妈艾力斯汗看在眼里喜在心上，她对艾力·卡德尔说："儿子，你要记住,维吾尔谚语说得好:与君子交如鱼得水,与恶人交身败名裂。你跟居里马洪跟对了,这个人不要看他平时不在人前面咋咋呼呼,但他人实诚、品行好、靠得住,跟他学做人,跟他学吹笛子,保准没有错。"

有一个叫吐尔地的村里人也特别喜欢艾力·卡德尔,只要没有事就叫艾力·卡德尔吹笛子,是艾力·卡德尔在村里的一个地地道道的老粉丝。

随着时间的推移,慢慢的,艾力·卡德尔的忠诚粉丝越来越多,有男有女,有老有少。有些已经结婚的年轻妇女也凑到他跟前悄悄地说:"你吹得太好了,要是早认识你,我非嫁你不可。"有时农村放电影,不管多远的路,艾力·卡德尔都是一路走一路吹,许多年轻男女都嘻嘻哈哈跟在他后面,簇拥着他,路再远也不觉得累,只要有空,大家都愿意和他扎堆聊天,听他吹笛子。

那时候农村看电影没有影院,都是在打麦场或在村里开会议事的地方,支起两根木杆,拉上银幕,大家都是席地而坐。电影开演以后,有些妇女会悄悄拉艾力·卡德尔一把,让艾力·卡德尔坐在自己的腿上。还有的悄悄过来耳语一番,或趁艾力·卡德尔不注意在他嫩嫩的脸上狠狠地亲一口。毫无疑问,会吹笛子已经为艾力·卡德尔在村里孩子中大大加了分,让它显得鹤立鸡群。

第二章　勤劳的人成就事业

第七节　谷要自长人要自强

"文革"期间有人劝他说:"艾力·卡德尔,你现在还自恃清高,学什么笛子,学笛子那破玩意儿能顶吃还是能顶喝?"

艾力·卡德尔知道,人的花招在肚子里,马的花斑在表皮。靠他当时的那点智商,他根本就弄不清这些搞打砸抢的人究竟图个啥。但他知道一夜之间冒出来的打砸抢肯定是不对的,既然弄不懂,那还不如"躲进小楼成一统,管他冬夏与春秋",趁这个时候有闲工夫,抓紧时间练习笛子,他想说不准哪天真的会派上用场。

维吾尔谚语说:"走路不怕山高,就怕脚软。"他终于战胜了自己,内心感到特别强大,特别充实,特别有激情,好像太阳每天都是新的,月亮每天都是新的,空气每天都是新的,整个生活每天都是新的。不知道是熟能生巧,还是天分决定,这个时候他学什么很快就能学会,有些比较难的歌曲一琢磨就会吹,而且吹得有模有样。

时代造就一切。这时候,一批歌颂毛主席、共产党、解放军的红歌应运而生,艾力·卡德尔很快就学会了吹《东方红》《大海航行靠舵手》《太阳最红毛主席最亲》《翻身农奴把歌唱》,比起悠扬绵软的《牡丹汗》来说,他感到这些歌曲吹起来更有激情、更有时代性,更容易吸引人和被大人小孩传唱。

功夫不负有心人。1967年夏天的一天,火红火红的太阳照得和田大地热浪滚滚,刮了一春天的沙尘暴已经消失得无影无踪,大队通讯员买买提兴冲冲地跑到艾力·卡德尔家高声喊:"艾力·卡德尔、艾力·卡德尔。"

艾力斯汗从厨房跑出来一看,喊叫艾力·卡德尔的人是在大队当差的小伙子买买提。她问买买提:"看你猴急的,无事不登三宝殿,你找艾力·卡德尔干什么?"

买买提问艾力斯汗:"大婶,艾力·卡德尔他人呢?大队长阿西木让我叫他赶快去大队部。"

艾力斯汗一听还以为出了什么事,赶紧悄悄地问买买提:"大队长找我儿子艾力·卡德尔干吗?他出什么事了?快告诉我。"

买买提头一仰故作神秘地说:"我就是一个当差的,哪能知道大队长的秘密。他人呢?"艾力斯汗一听不像有什么大事,再说艾力·卡德尔老老实实、本本分分地能干出什么坏事来。就是有什么事,他还能不给当小队队长的大儿子买买提明·卡德尔透露一点风声?买买提明·卡德尔和大队长就是一块玩泥巴长大的,不过人家阿西木有文化就当了大队长。

买买提着急地对艾力斯汗说:"阿姨,你赶快告诉我艾力·卡德尔到底去哪里了,人家大队长还在大队等着呢,去晚了我可不好交差。"

"他就在南边那片树林里吹笛子呢,你动作快,你去喊他吧。"艾力斯汗还是有点不放心,赶快来到大儿子买买提明·卡德尔家,着急地对大儿子说:"大队当差的买买提到咱家说大队长找你弟弟,不知道干什么?我想他没有干过啥坏事啊,大队长突然找他干吗?"

买买提明·卡德尔说:"妈,看你都想到哪里去了,我弟弟在村里是出了名的好小伙子,他能出什么事?"

艾力斯汗说:"好像大队长叫得很急,一定有什么急事。"买买提明·卡德尔挠挠头说:"我猜到了,大队长上次开会说大队要成立宣传队,说抽到哪个队的人,哪个队要积极支持,当时他好像还提到我弟弟,说他的笛子吹得不错。这两天正在积极筹建宣传队,说不定就是为的这事。这是好事儿啊,除了这事还有什么事呢?"

艾力斯汗一拍大腿说:"要真是为的这事,那感情好,我积极支持,你也要积极支持。这样看他的笛子没有白练,我的钱也没有白掏。"

正说着,买买提和艾力·卡德尔从树林那边走过来,艾力·卡德尔对艾力斯汗说:"妈妈,我和买买提去大队了。"

艾力斯汗说:"快去快回,你把笛子放下,不要丢了。"

"哪能呢?笛子我自己保管。"说着艾力·卡德尔大步流星地去了大队部。

多才多艺的人好比果实累累的树。买买提明·卡德尔估计得没有错,大队长找艾力·卡德尔就是让他到大队宣传队。

艾力·卡德尔一踏进大队部的门,大队长阿西木就客气地站起来和他握手。

艾力·卡德尔很有礼貌地问:"大队长您找我有事吗?"

阿西木说:"我以前找过你吗?没有啊,既然这次我找你,肯定有事。没有事我找你干吗?"

"什么事?"艾力·卡德尔弱弱地,甚至有点拘谨地问。

"我就不卖关子直接说了吧,大队要成立一个宣传队,经过大队干部认真研究,我们准备抽你去,你既吹笛子,又当宣传队负责人。你看怎么样?"

还没有等大队长说完,艾力·卡德尔就吃惊地问:"什么,叫我当负责人,没有弄错吧?"

阿西木大队长反问:"你当大队宣传队负责人不行吗?是你干不了,还是不想干?"

艾力·卡德尔连声说:"不是不是。叫我吹笛子我想到了,但叫我负责,我一点思想准备都没有。"

"要什么思想准备,你现在是大喇叭吹人,名声在外,全大队上下,大人小孩都说你吹得不错,人品又好,又有思想觉悟,你家又是贫下中农,你哥哥还是小队长,你不干还让别人来干?既然你是大家公认的人才,我们就不能把你埋没了。咱们维吾尔族不是有一句谚语吗,说'树的珍贵在于果实,人的价值在于贡献'。希望你拿出全部的真本事来,把这个宣传队搞得红红火火,为咱们大队争光,为贫下中农服务,可不能搞得乌烟瘴气。"

"那我们宣传队是脱产的还是不脱产的?"艾力·卡德尔紧追着问了一句。对于演员来说,这是关键,他怕自己一走,家里没有人挣工分,当时队上是按每天的出勤和出力记工分,再按工分分粮食、分钱的。当时有一句话是"工分、工分,农民的命根"。

阿西木大队长哈哈一笑说:"这个关系到演员的切身利益,我们都已经研究过了,一般演员拿全队平均工分,你既是演员又做负责人,拿和小队队长一样的工分。你有没有意见?"

艾力·卡德尔一听这样优厚的待遇,要比自己累死累活的挣工分强得多,自己还能说什么呢?他连声对大队长说:"我没有一点意见,我一定吹好笛子管好人,干不好你随时撤换我。"

阿西木说:"我不想准备随时撤换,我要你干出一流成绩来,在全公社面前给咱们大队的父老乡亲脸上争光。"艾力·卡德尔站起来紧紧握着阿西木队长的手说:"虎不怕山高,鱼不怕水深,我一定干出个样子来。"

离开大队长办公室返回家的路上,大队部喇叭里正在播放革命歌曲:我们走在大路上,意气风发斗志昂扬,毛主席领导革命的队伍,披荆斩棘奔前方。向前进,向前进,革命气势不可阻挡。向前进,向前进,朝着革命的方向……艾力·卡德尔感到这首革命歌曲好像就是专门为他量身定做的,他这天心情显得格外激动。

第八节　在大队宣传队如鱼得水

"妈妈、妈妈,有好消息。"艾力·卡德尔高高兴兴一路小跑往家里赶。大喇叭里"我们走在大路上"的声音越来越小,他一进门就迫不及待地把这个特大消息告诉给他走后一直忐忑不安的母亲。

艾力斯汗说:"不要着急,慢慢说,什么好消息?"

艾力·卡德尔气喘吁吁地喝了一碗妈妈递过来的水,稍微平静了一下赶忙说:"大队成立了宣传队,大队长让我去吹笛子,还让我当宣传队的负责人。"

艾力斯汗问:"什么叫负责人?"

艾力·卡德尔说:"妈妈你真笨,连负责人都不知道。负责人就是当宣传队的头,就像我哥哥一样,在咱们小队就是小队长,在宣传队就是负责人,也叫宣传队队长。"说完他悄悄地对艾力斯汗耳语道:"不过还没有宣布,你不要到处去讲,万一有什么变卦就麻烦了,要是这事真的成了,咱们家就有两个队长了。"

艾力斯汗一听喜上眉梢,连连说:"那感情好,这可是个光宗耀祖的好事。不下地,不出力,轻轻松松吹吹笛子,跳跳蹦蹦演节目,那该多好啊!看来你的笛子没有白练,老妈的心血没有白流。你放心,在宣布之前妈给谁都不讲,不过既然是大队长说的,那就八九不离十,不会有大的变化。我可是有言在先,到大队干这个事一定要干出个名堂来。咱们家祖祖辈辈都是种地的,能干这种活真是祖上积德了。"

艾力·卡德尔情不自禁地笑着说:"妈妈,你放心吧,我一定干好,不会给你丢人的。干好了说不定这就是一辈子的饭碗。"

这还真让艾力·卡德尔言中了,这当然是后话。

大队宣传队从各小队一共抽调了15个人,9个男的,6个女的,都是大队的帅哥靓妹,9个男孩中,4个弹奏乐器,5个男的和6个女的一块唱歌跳舞,大家说说笑笑,开心极了。在大队宣传队正式成立的那天,大队长阿西木讲了话,他首先宣布了大队决定:任命艾力·卡德尔为宣传队队长,并提出了要求。

阿西木说:"你们是咱们喀提其大队的一张名片,你们一定要为大队争光,为全大队的父老乡亲争光,一定要突出政治、加强团结、严守纪律。女人要管好自己的嘴巴,不捣是非,不传闲话,不背后议论。男人要管好自己的鸡巴,不想入非非,不偷鸡摸狗,不胡作非为。如果谁出现了问题,立即清除宣传队。大家一定要把全部心思放在专心致志地唱好歌、跳好舞、弹奏好乐器,用在全力搞好节目排练和宣传演出。"阿西木大队长说完后让艾力·卡德尔代表宣传队表了态。

说是业余宣传队,其实是全脱产,宣传队员常年不下地干农活,即使春种秋收大忙季节,也雷打不动,坚持不下地,就是高高兴兴排练节目。那时候土地全在队上集体耕种,也不存在给自己家里春种秋收干农活的事。每个人都在屋子里,太阳晒不着,雨水淋不着,个个都捂得白白净净,所以排练节目特别卖劲。

经过紧张的排练,他们很快就组织了一台内容丰富、时代感强的节目,开头是大合唱《东方红》,艾力·卡德尔笛子伴奏,接着是阿依古丽的独唱《太阳最红,毛主席最亲》,中间是歌颂毛主席、歌颂共产党、歌颂社会主义好的歌曲和反映爱情生活的歌舞,当时涉及爱情的文艺作品都是禁区,但他们还是大胆地往这盘菜中撒了一把胡椒面,为的是让节目更有味道,更符合人们重口味的要求。

除此之外,还有反映大队出现新气象、新面貌的对口词等小节目和乐器独奏、合奏等,最后压台的节目是大合唱《大海航行靠舵手》,这在全国任何地方都是一样的。

全大队一共12个小队,宣传队每天要去一个小队巡回演出,当时村里没有电,白天演出会影响劳动,这让艾力·卡德尔伤透了脑筋。怎么办?他找到阿西木大队长讨注意。

阿西木说:"首先春夏秋三个季节白天演出绝对不行,现在都在'抓革命、促生产',演出的目的是为了使大家豪情万丈,生产蒸蒸日上,而不是影响生产,大家干活收工晚,可以给你们一些柴油照明,如何搞,你自己去开动脑筋想办法。也就是说,我只管架桥,路怎么走,还得靠你们自己。"

是啊,维吾尔族谚语说:"有智慧的飞上天,没有智慧的睡席片。"连这点事都玩不转,还当什么队长呢?艾力·卡德尔因地制宜,每到一个地方,都找一些破棉絮,紧紧地扎在铁丝圈上,蘸上柴油,把演出现场烧得通明透亮,每一个铁丝圈烧40分钟,用3个可以烧120分钟,一般演出15个节目,总时间段就控制在两个小时以内。整个节目流程环节不搞互动。由于当时电影很少,而且即使偶然有电影,也是两三个月才在大队放映一场,所以宣传队拾遗补缺,乘势而上,再加上排练的节目比较接地气,很受村民欢迎,有些队看了一场不过瘾提出还想再看。

艾力·卡德尔问大队长阿西木:"有些队提出演两场,我们去还是不去?"

阿西木大队长掷地有声地说:"当然要去,我们的节目就是要服务大众,服务基层,服务工农兵,他们渴望你们去,说明你们的节目排练得好,只要时间档次排得开,谁需要加演都要满足。现在农村里的文化娱乐生活基本没有,我们宣传队就要肩负起这个历史使命,让大家经常有戏看,经常有快乐,这样就能给人创造一个人心向善、人心向上的良好环境。"

艾力·卡德尔吹的笛子《昆仑山的花》悠扬、欢快,常常是吹了一遍又一遍,大家还是热烈鼓掌,让他谢不了幕。

要是经常演的都是一些老节目,村民肯定会厌烦,所以他还不断创新,把各个村里的新人新事都收集起来编成小品、快板或歌曲,宣传新人新事新气象,弘扬社会新风气,宣传社会正能量,既接地气又搞笑,村民们相当满意,大队也相当满意。每年各小队给演员记工分的时候,都打破常规,记得高高的,一共就那么几个演员,哪个村里计分多,哪个村里计分少,大家都会通风报信,互相交流,互相攀比,就是再抠的小队长,也不会干那种让人嘲笑的傻事。演员得到最高工分,自然也演得非常卖劲。这说明大家对宣传队的一种期待、一种渴望、一种默默的支持和呵护,越是这种情况艾力·卡德尔的压力就越大。

阿西木告诉他："压力最大的时候，效率可能最高，人在最忙的时候，学的东西也就越多。要是你没有压力，感到最惬意的时候，最舒服的时候，往往是失败的开始。大庆铁人王进喜不是有一句名言吗？人无压力轻飘飘，井没压力不出油。要坚持少说多做，你就会受到人家的尊重。"

艾力·卡德尔对阿西木队长说："我记住了，我一定把咱们大队的宣传队搞得棒棒的，让其他大队的人都眼红。"

对于人生来说，可以放弃选择，但决不能选择放弃。眉毛上的汗水，眉毛下的泪水，你总得选择一样，泪水和汗水的化学成分相似，但前者只能为你换来同情，后者却可以为你赢得成功。

艾力·卡德尔就像经营一个家庭一样，使出浑身解数，尽心尽力经营着这个宣传队。9年春去冬来，有些人刚开始担心宣传队会成为一个大染缸，演员红着进去黑着出来。但这个预言没有实现，而且大大提高了宣传队和大队的政治影响力。由于不少大队没有这样一个宣传队，不少大队常常找阿西木大队长，让艾力·卡德尔带着他们的宣传队去演出，这使艾力·卡德尔的名气也越来越大。

艾力·卡德尔的名气究竟有多大呢？在这里给大家举个例子，以前人们说起吹笛子的艾力·卡德尔，有些人并不知道他，但知道他当小队长的哥哥买买提明·卡德尔，就说："啊，你说的是买买提明·卡德尔小队长的兄弟吧，他好像就叫艾力·卡德尔。"

名气彻底颠覆了这个现实，现在时光整个变了，人们一提起买买提明·卡德尔，总会有人说："你说的是大队宣传队队长艾力·卡德尔的哥哥买买提明·卡德尔吧？"这就是可以让你一夜走红，或一下死亡的名气效应。

第九节　兴冲冲走进公社宣传队

维吾尔谚语说:"树高招鸟栖,人美招人议。"

自从艾力·卡德尔的宣传队在全大队红了以后,引起了公社各大队的特别关注,特别是那些以前没有能力搞宣传队的大队,对阿西木他们的宣传队既羡慕心理又不平衡。于是有人找到公社领导阿不都·热西提,希望公社统一搞一个宣传队,在全公社33个大队之间巡回演出。阿不都·热西提是从喀什调来的干部,本来浑身就长满文艺和音乐细胞,他对成立公社宣传队不是很感兴趣,按照当地老百姓的话说是非常相当感兴趣,他对找他的人说:"这是一件利国利民的大好事,何乐而不为,我来促使他完成。"

阿不都·热西提在民族干部中可不是一个吃馕馕混卷子的角色,他是一个想干事、会干事,而且一定能干成事的汉子。他在一次公社会议上说:"阿西木他们一个大队就能搞好一个宣传队,而且搞得红红火火,为啥我们公社就不能搞一个,也丰富一下全公社农村文化生活,一个大队红不是红,全公社层林尽染才是红。咱们公社33个大队,我就不相信找不出一批能歌善舞的人才来。一个大队能干成的事,一个公社竟然干不成,那简直是笑话,工作不抓则已,要抓就要抓紧抓好,抓出成效来,毛主席说'抓而不紧,等于不抓',这件事我亲自来抓。"

大家都认为这个提议很好,公社搞一个毛泽东思想文艺宣传队对陶冶农民情操、活跃农村文化生活都很有必要。

可是人员经费怎么解决呢?是啊,万事开头难,说起来容易办起来难。这时公社宣传干事阿不都外力提出一个建议。他说:"既然公社要搞宣传队,各大队就不要再搞了。这样干脆就把阿西木他们大队的宣传队拿过来作为公社宣传队的基础,再从公社范围内抽掉补充一些人,拾遗补缺,这样既可以解决人员经费不足的问题,又可以防止现有资源重复浪费,还可以很快见效。"

阿不都·热西提一边用报纸卷着莫和烟,一边听着阿不都外力的意见。他猛地吸了一口莫和烟,然后一连吐出好几个圈后,问大家还有没有其他更好的意见,大家都把头摇得像拨浪鼓似的表示再没有了。他看大家再也提不出什么更高妙招,就说:"我看阿不都外力的意见很好,这是一个多快好省的创新思路,应该积极采纳。"

经过认真研究,当场决定再从全公社选10个人,5个男的,5个女的,7个唱歌跳舞,一个弹热瓦甫,一个打扬琴,一个吹唢呐。他说:"各大队的领导都在,这次是抽调有文艺细胞的人才,有就抽,没有就算了。抽到任何人,各大队都要积极支持,不许设卡。没有的大队也不要乘机把七大姑八大姨往里面塞,这个宣传队一定要精精干干。"

可是这个宣传队由谁来负责好呢?阿不都·热西提想,总不能由他自己每天带着宣传队下村演出吧,他充分走群众路线,广泛征求大家意见。

阿西木说:"我说一个抛砖引玉的意见,我看最好就让艾力·卡德尔当队长。这个人的人品好,办事很稳当,执行力强,既想干事,又会干事。他已经在我们大队宣传队干了八九年,很有排练节目和人员管理的经验,而且群众喜欢什么节目,他都很清楚。干这个事对他来说就是轻车熟路,他一接手上路自然会很快,领导会省很多心。"

阿不都·热西提想了想说:"我看还是由公社宣传干事阿不都外力当宣传队队长更合适,他是公社干部,协调起上上下下的关系比较容易。艾力·卡德尔的确有经验,能干事,但上面许多事情他摆不平,就让他当助理吧,他的任务就是主要抓节目建设和演出管理。"

有些大队长问阿不都·热西提,公社演出队下到各大队演出收不收费用?

阿不都·热西提提高嗓门说:"收,一定要实行收费,每演出一场收取25元,还可以见缝插针走市场,到别的公社和兵团农场去演出,价格要区别对待,每场可以多收5元,也就是演一场可以收30元。"

演出队实行自收自支,每个队员每月30元工资,这在当时是一笔十分可观的收入,就和兵团一个农工一个月的收入一样的,除了这笔工资收入外,公社还给各个大队开证明,按大队最高工分计分,等于双重收入,比公社干部最高的36元还要实惠。

新来的公社书记托乎提·艾买提说:"在公社毛泽东思想文艺宣传队中,艾力·卡德尔是主力,既要演出,还要管理,阿不都外力工作忙不过来的时候,主要由艾力·卡德尔负责,艾力·卡德尔还要经常单独带队演出,操心比一般人多,他的收入要与其他人拉开档次,给他一个月36元。我们不能既要让马儿跑得快,又不让马儿吃饱草。"反正是自收自支,除了演出费以外,公社没有给各大队搞摊派,所以大家自然不会反对公社书记给艾力·卡德尔的高薪。

公社毛泽东思想文艺宣传队是成立了,可除了给几间房子排练以外,外出演出既没有汽车,也没有马车和毛驴车,全公社33个大队分布在几十公里的地方,最远的有四五十公里,当时没有柏油马路,大部分路都是坑洼不平,他们往往是早晨两点钟起床赶路,晚上10点钟才到。当时也没有皮包、拉杆箱之类的箱包,每个人的东西都是裹在一个头巾打的包袱里,把吃的用的都包起来,拎着就走,拎不动就挎在肩上,左肩累了换右肩,常常走得筋疲力尽,口干舌燥。每当遇到路远的情况,走得太累时,艾力·卡德尔都会找一个有渠水的地方，让大家停下来，把馕丢在渠道的上游，让它缓缓地漂流下来，大家从水渠里捞起已经泡软的馕欢天喜地的吃一通，而艾力·卡德尔就给大家吹笛子，让大家跳跳舞，活跃一下气氛，减少路途的劳顿。不管再累，大家的干劲都很足。

因为每个人心里都非常明白，能来到公社毛泽东思想宣传队就像现在进了地区新玉歌舞团一样，那可是百里挑一，当时由于时代背景的局限，进公社毛泽东思想文艺宣传队的人有明确的规定：阶级成分高的人不能进，地富反坏右子女不能进，里通外国分子的子女不能进，现行反革命的子女不能进，个人政治表现不好的不能进。所以不是人人都可以进公社毛泽东思想文艺宣传队的，在当时能进公社毛泽东思想文艺宣传队，那可是一种崇高的政治荣耀和很值得骄傲的资本，后来的实践证明，不少人都是通过宣传队这个桥梁先后被招工、招干，当然这都是后话。

有一次宣传队去古江巴格乡演出的时候，听到有人在村口吹笛子，吹得特别好，他的笛声委婉悠长如泣如诉。艾力·卡德尔感到这个吹笛子的人胜过自己一筹，就让人把这个吹笛子的人找来一问。小伙子说："我叫多来提·买买提，吹笛子已经好多年了，但我们公社没有宣传队，一直没有施展才华的机会。听说今天你们公社演出队要来我们公社演出，我特意在村口吹笛子，就是要让你们演出队听到，看能不能有个进你们公社演出队的机会。"

这时有个演员悄悄对艾力·卡德尔耳语道："这个人千万不能要，他吹的那么好。不要他一来盖过了你的风头，抢了你的饭碗。到那时你干啥去，说不定哭都来不及呢？"

艾力·卡德尔可不是那种小肚鸡肠的人，他说："这个人的笛子吹得的确比我好，我调查一下，只要他家庭没有问题，自己政治上合格，我去公社建议把他录用，他可是一个难得的人才。"演出结束回到公社以后,他把多来提·买买提的情况向公社书记托乎提·买买提一反映,托乎提·买买提说:"好啊,只要是人才,我们敞开大门,来之不拒,但费用你们自己去挣。"

很快多来提·买买提就加入到了吐沙拉公社宣传队。自从多来提·买买提来了以后,艾力·卡德尔再也不用忙前忙后,既要吹笛子,又要跑演出了,他把更多的时间放在队伍管理、提高节目质量和开拓更大市场上,事实上他已经成了这支宣传队的大管家,因为阿不都外力根本就没有更多的时间来管理这支宣传队,阿不都外力有他自己的事业,他还想在更大的平台寻找发展自己的空间呢。

第十节　吹拉弹唱无所不会

维吾尔谚语:"人只要学知识,才能顶天立地。技艺是取之不尽的财富,家有珠宝满箱,不如技艺在身。"

有一次,新疆生产建设兵团和田垦区红星农场的马场长请吐沙拉公社宣传队到他们农场去演出,艾力·卡德尔特别高兴,演出非常成功。临走时马场长说:"我这里有一架扬琴没有人会敲打,干脆就送给你们演出队吧。"艾力·卡德尔没有想到人家不但给的演出费用高,而且有车接送,管吃管喝,还送给他们一架扬琴,这意外的收获让他太高兴了。

可麻烦的是宣传队没有一个人会打扬琴,这可怎么办?

他问新进来拉手风琴的居玛·吐逊尼亚孜会不会打扬琴?居玛·吐逊尼亚孜摇摇头说:"以前就没有见过扬琴。"他又问打手鼓的居迈尔·尼亚孜会不会?居迈尔·尼亚孜也把头摇得像拨浪鼓似的说:

"从来就没有玩过扬琴,我就会打手鼓。"艾力·卡德尔又问弹热瓦甫的买买提明·艾山会不会打扬琴,买买提明·艾山也摇摇手表示不会。

那你们谁喜欢学打扬琴,大家你看看我,我看看你,大眼瞪小眼,谁都不吭声,因为在许多人眼中,唢呐手鼓好像是下里巴人,而扬琴是阳春白雪,就像高跟皮鞋和平底布鞋一样,他们不是一路人,走不到一块。

艾力·卡德尔说:"不学不练,难成好汉,那有生而知之的,你们不学我来学,我就不相信还有学不会的东西。"

从此,他天天坚持勤学苦练,不到半个月就把扬琴敲打得如行云流水,挥洒得十分自如,许多人一看后悔不已。

技艺是取之不尽的财富。他一不做二不休,又拜拉手风琴的白热可·巴拉提学习手风琴,向居玛·吐逊尼亚孜学手提琴,而且学一样会一样,虽然谈不上样样精通,但至少可以说样样都会。

时针指向70年代末期,随着农村经济发展和农民生活的改善,村民的生活也出现了个性化和多样性的种种需求,特别是婚庆上突然出现了热闹异常的歌舞伴宴,他发现打手鼓和吹唢呐十分吃香,就抓紧时间练习,很快又学会了打手鼓和吹唢呐。

在吐沙拉公社宣传队,他是唯一一个既会吹笛子、打扬琴、拉手风琴、拉手提琴,又会打手鼓、吹唢呐,掌握宣传队现有各种乐器的人,所以宣传队不管是谁有事请假,他都可以填缺补位,独当一面。

由于公社宣传队的人员多、阵容大,节目更加丰富多彩,很受农民的欢迎。

但维吾尔族有一句谚语说:"烤包子再好也不能天天吃。"怎么样才能使节目推陈出新,让大家经常有耳目一新的感觉呢?你的节目要是老一套,一成不变,人们的眼睛耳朵都会产生视听疲劳。有几次他发现到一些大队演出的时候,要不就是来的人不多,即便人家来了,但一看节目没吸引力,中途一个个就叹着气悄悄走了。这引起了艾力·卡德尔的高度警觉,为什么会出现这种状况呢?有人悄悄地拍着肩膀对他说:"不是村民要求高,是你们的节目太老套,你们每次来都是这几个节目,没有一点新花样,很难满足人们对新东西的期待和追求,谁还愿意看呢。"

从此每到一个地方,艾力·卡德尔都要坚持做到三征求:一是征求大队干部的意见,二是征求老同志的意见,三是征求年轻人的意见。回去以后抽空抓紧排练新节目,确保二轮演出的节目至少有三分之一是新节目,创作来不及就改编翻唱汉语节目。当时全国出现了"样板戏"热,全剧改编不了就改有意义的片段演出,有些节目完全按照汉语译过来维吾尔族人感到深奥难懂,他们就用维吾尔语表达。例如《游击队员之歌》的歌词是这样:我们都是神枪手,每一个子弹消灭一个敌人。我们都是飞行军,哪怕山高水又深。在密密的山林里,有我们无数的好兄弟,没有吃,没有穿,敌人给我们送上前,没有枪没有炮,敌人给我们造。翻译有两种,一种是硬译,就是一字一句,不需准确无误,这样译未尝不可,但很不接地气,于是他们按照另一种译法——意译,就是按照人们的接受习惯,把大概意思译出来。按照这种译法,他们把《游击队员之歌》翻译成这样:我们都是会飞的人,高高的山上飞过来。吃的没有啦,穿的没有啦,敌人统统给给啦。枪没有啦,炮没有啦,敌人又给给啦。演唱的时候每一句后面舌头翻卷,声音拉长,使最后一个"啦"字用翻卷的舌音发出一连串"啦啦啦啦啦"。这样的改编果然很接地气,深受欢迎,让人捧腹大笑,有些节目群众不断鼓掌,不让谢幕。

80年代初期,婚庆越来越热闹,当时人们对新生活的追求也越来越高,攀比之风开始悄悄在农村盛行,南疆农民普遍有三大比:一比谁的房子建的好,二比谁的孩子有出息,三比谁家婚礼更热闹。这时候经常有人请他们去助兴演出,有时候就叫艾力·卡德尔喊上一两个打手鼓、吹唢呐的去热闹热闹,演完给几个零花钱,钱多少不在乎,反正还可以在流水席上不断美餐,对此艾力·卡德尔感到十分惬意,存在感和被尊重感油然而生。

但好景不长,1984年随着农村土地承包责任制的不断落实和公社变乡体制的转变,以及大队一级乡村政权的转轨变形,公社顺应历史潮流,决定与时俱进,解散宣传队,队员实行哪里来的哪里去,不少宣传队员通过这个桥梁实现了人生梦想,走向了更加宽广的发展平台。

那么,面对人生的重大转机,已经从艺多年的艾力·卡德尔将走向何方呢?就在他也想通过复习考试找到一个合适归宿的时候,命运和他开了一个大大的玩笑。

第十一节　领导让他挑大梁

这时候的艾力·卡德尔已经是4个孩子的爸爸,大儿子买买提明·艾力已经5岁多了,他当时在宣传队干得红红火火。公家发的、自己挣的,足够维持一家人的体面生活,他回家能干点什么呢?就在他心里空落落的时候,乡里传来一个好消息,只要有本事,就可以考试被录取到机关、学校、县市文工团或乡镇工作,他们宣传队不到30个人,先后就有13人考走了,有两个还考进了文工团,多数当了音乐和舞蹈老师。

那时候百废待兴,人才缺乏,用人单位主要还是看你的实际能力和专业水平。

眼看昔日的队友一个个都有了好去处,艾力·卡德尔就像热锅上的蚂蚁,心里烦躁的。他壮着胆子去找乡党委书记托乎提·艾买提,看能不能让他也找个机会复习一下,考一个有编制的收入稳定的工作岗位。托乎提·艾买提书记对他说:"别人走了都可以,就你不能走。"

"这是为什么呢?"艾力·卡德尔惊奇地问托乎提·艾买提书记。

托乎提·艾买提书记这样告诉他:"你是宣传队的骨干,你走对我们损失太大。你不要管,我给你找一个指标,想办法安排一个合适的工作岗位,就是没有指标,也一定会在乡里给你安排一个好工作,你一定要有在乡里挑大梁的思想准备。"

艾力·卡德尔说:"在一个乡镇,乡党委书记的话那就是一言九鼎,既然乡里挽留,咱不能不给乡党委书记面子。只要自己上进,不怕别人看轻。这么多年自己一直管宣传队,什么样的担子挑不起?希望使人向上,忧愁令人颓废。"

他一直在等待中看到一个又一个宣传队员都有了好去处,但自己的想法一直没有落实。

有一天他再次壮着胆子又去找乡党委书记托乎提·艾买提,问自己的工作乡里研究落实没有?

托乎提·艾买提书记说:"我们研究了,让你去乡里的工程队当会计,这个岗位很重要,你一定要像干宣传队一样干好这份工作。"

"当会计。"艾力·卡德尔心想,"这个工作好啊,风吹不着,雨淋不着,每天就是扒拉一下算盘珠子,记记账,管管开支,说不定要比宣传队还要好,是企业,实惠也多,再说离家也近,也好照顾家人,特别是国家到处都在蓬勃发展,建筑业那时很吃香。"

但现实离他的想法差距太大。他高高兴兴去报到的时候,乡建筑工程队队长沙吾提·尼亚孜的一席话让他如冰灌顶，差点把他打蒙。

沙吾提·尼亚孜对他说："欢迎你来到我们工程队。经过研究，决定让你到4小组当会计，你听好，不是当会计就不干活了，当会计也必须干体力活。"

艾力·卡德尔问沙吾提·尼亚孜："你们让我具体干什么体力活？"

沙吾提·尼亚孜说："不客气地说吧，你会不会干大工，如果会干就去砌墙、抹灰，收入也高；如果干不了大工，就干小工，主要是和泥巴、和砂浆、搬运砖块，大工要什么，你就做什么，也就是给大工当助理。听乡党委书记托乎提·艾买提说过，你一直在乡宣传队当助理，如何干好助理，你不陌生，也不用我费嘴皮子了，我相信你会干好的。"

沙吾提·尼亚孜说完用抽莫和烟的报纸给4小组组长写了一个条子，说这个小组在和田报社隔壁的体育馆工地施工，你直接找他去报到，他会安排你工作的。

艾力·卡德尔想："不下水一辈子都不会游泳，不扬帆一辈子都不会撑船。什么活不是人干的，什么大工小工，都是体力活。人家能干自己为什么干不了，又不是上铡刀下地狱。干就干，不怕三分险，难练一身胆。"

4小组其实就是现在人们说的第四项目部，他找到长满络腮胡子的4小组组长艾山·托乎提时，他正为工地出的一起质量事故狠狠地骂人。一看这场景，艾力·卡德尔一声都没有吭，就像一块木头一样立在那里。

等艾山·托乎提骂完以后，有个叫吐尔地·色衣提的人以前就认识艾力·卡德尔，他在这个施工队时间久了，他过去悄悄地对艾山·托乎提说："乡里宣传队有个名叫艾力·卡德尔的人来报到。"

艾山·托乎提看了艾力·卡德尔一眼说:"公司已经告诉我了,你就在工地当小工搬砖。"说完气哼哼地走了。

艾力·卡德尔赶忙挡住他的去路说:"托乎提·艾买提书记说让我来当会计的,怎么变成当小工了?"

艾山·托乎提从来就没有碰到在他的施工队有人敢和他这样说话,这不是明显挑战他的权威吗?

他眼睛一瞪,长满黑毛的粗胳膊一甩说:"我这里不需要会计,只需要大工、小工,愿意干就留下,我的原则是要干就全力以赴,不愿意干就立即走人。别像个娘们,我不喜欢这一套。"说完头也不回地就气哼哼地走了。

第十二节　当建筑工摔伤之后的抉择

艾力·卡德尔在大队宣传队和公社宣传队干了近20年,以前基本没有干过重体力活,吃大锅饭的时候他不用干体力活就可以挣到高工分,分田到户后,家里的4亩多地都是老婆和儿子在种植管理,他也就是农忙的时候去帮助收割一下,看起来壮壮实实,其实是虚胖,干重活他根本不行,农村人说他一直是吃"闲饭"的。

不管怎么说,大胡子让你当小工你就必须当小工,县官不如现管,他才是这里的太上皇,你要是不干,他说得很清楚,立马走人。

这时他还想到一位哲人讲过:"如果你看到面前有阴影,别怕,那是因为你的背后有阳光。"

他想去找乡党委书记托乎提·艾买提,可是去了以后说什么呢?乡党委书记托乎提·艾买提给他们说得很清楚,让我来当会计,可县官不如现管呀。再去找乡党委书记托乎提·艾买提，说不定还把事情搞得更糟，为今后留下更多的生活炸弹。

艾力·卡德尔被逼上了生活的死角，可现在往哪里去呢？他思来想去，最后得出结论：人在屋檐下，哪能不低头，索性干干看再说。

维吾尔谚语说得好："山高水长流，志大精神旺。"

从此，艾力·卡德尔天天起早贪黑，和浆，搬砖，双手磨出了血泡，每天累得精疲力竭，回到家就想美美地睡上一觉，他曾经热爱的笛子、扬琴和唢呐现在都静静地躺在厢房，隔壁邻居再也听不到从艾力·卡德尔家和那片熟悉的小树林传出的优美笛声。

艾力·卡德尔给一个小名叫滚刀肉的大工当小工，稍微慢一点他都会大发雷霆，一会儿嫌他和的泥不匀，一会儿又说他递砖块不勤，脚手架上放的砖块多了，他又嫌碍手碍脚，影响出活。在艾力·卡德尔的眼中，滚刀肉就是那种无知比穷困更可怕的人。两人的心里距离越拉越远，一股仇恨的烟雾在慢慢升腾。

有一次，滚刀肉一反常态地突然对艾力·卡德尔和颜悦色地说："咱们交个朋友吧？"

艾力·卡德尔警惕地问："我们交什么朋友？"

滚刀肉说："交一个保证有我吃的肉，就不会没有你喝的汤的朋友。"

艾力·卡德尔对这个人一直没有好感，他这会想，与君子交如鱼得水，与恶人交身败名裂，这个家伙到底是个什么人呢？他感到滚刀肉是一个神秘的人物，也是一个可怕的人，是最不值得交的人。维吾尔谚语说得好："天鹅爱的是湖水，苍蝇爱的是秃子。"既然谁也说不清楚他到底是什么人，还是井水不犯河水，你走你的阳关道，我走我的独木桥。你是大工，你砌你的砖；我是小工，我和我的浆。只要我不停地把浆和好，把砖块运到跟前，摆放在脚手架上，让你随用随取，泥浆盆子不断添加,保证不缺,你对我还能鸡蛋里面挑骨头吗?艾力·卡德尔拼命地搬砖上浆,他对滚刀肉提出的交朋友的要求只是哼哼哈哈,一直没有正面直接回答他。滚刀肉也感觉到艾力·卡德尔并没有买他的账,这使他肚子很胀。

那是1984年6月的一天,和田突然刮起了沙尘暴,顿时天昏地暗。由于干活太疲劳,艾力·卡德尔稍不留神,不小心一脚踩空,从3楼的脚手架上重重地摔了下来。肋骨磕在地面硬硬的一块砖上,一根肋骨顿时啪的一声断了。

艾力·卡德尔痛得在地上蜷缩一团大喊大叫,滚刀肉一看吓得面如土色,赶快开脱说与他没有任何责任。4小组组长艾山·托乎提闻讯赶来,狠狠地瞪了一眼滚刀肉说:"现在还讲什么呢,艾力·卡德尔是你的小工,现在他受了伤,你还不赶快送医院救人,还叨叨什么?"

滚刀肉一听这才醒过神来,不顾艾力·卡德尔痛苦地喊叫,硬是和几个建筑工人七手八脚抬起艾力·卡德尔就往医院送。他们也不知道艾力·卡德尔摔得有多严重,但从艾力·卡德尔的痛苦表情和很惨的喊叫声中他们估计这回摔得不轻,生怕送晚了性命难保。好在他们施工的体育馆工地离地区医院不算远,送到地区医院急诊室后,骨科医生赶忙进行抢救,这时候艾力·卡德尔的家人也闻讯赶到了医院。

经过一个多小时的抢救之后,一个操着南方口音穿着白大褂的中年男医生走出抢救室,大家争先恐后地问艾力·卡德尔伤势如何。

医生告诉等在候诊过道里的艾山·托乎提和滚刀肉以及艾力·卡德尔的亲属,说伤势不太重,就是有一根肋骨断了,但没有伤及内脏,现在已经接好,而且手术做得很成功。像这种病只要休息半个月就能恢复,不会留下后遗症。现在只要加强营养,恢复就会快一些,年轻人体质好,无大碍。

在住院的这些天里,艾力·卡德尔躺在病床上就像过电影一样,回忆他用玉米秆做笛子,向居里马洪学习吹笛子,跟妈妈到巴扎买笛子,还有在大队宣传队和公社宣传队的那十几年美好时光,特别是想到公社宣传队13个人都经过复习考试,有的上了大学,有的进了剧团,有的当了老师,都找到了满意的工作,很是风光。当时不论组织能力还是对各种乐器的掌握,他都无疑是能力最强的一个,要不是公社书记的挽留,他进一个一流的单位没保证,但进一个二流的单位绝对没有问题。可是到头来连一个三流的吃皇粮的单位也没进去,不但每天搬砖和泥当小工,累的贼死不说,现在还落得个这样的下场。你看那些进大单位的人,什么工资、奖金、补贴、福利、医保、公积金,每个月好几千元钱,退休后还衣食无忧,自己每天累死累活,没黑没明地干不说,每个月最高收入才一千多元,少的时候每个月收入才五六百元。建筑队长经常开会要求每个员工通过各种关系去揽工程,谁揽得多给谁奖励,谁的收入就冒尖,人家就吃肉。谁揽不到工程就只能拿基本工资,你就只能喝汤。可是我们这些平头百姓没有比较过硬的关系,到哪里去揽工程呢?那时候在宣传队多好啊,虽说收入不高,但精神愉快,可现在每天都觉得心头有一块黑云似的压得连气也喘不过来,他感到这样的生活过得太憋屈。

艾力·卡德尔在医院住了15天后,工程队以费用紧张为由,停止了继续给医院提供治疗艾力·卡德尔的经费,医院通知艾力·卡德尔赶快续费,没有费用就办理出院手续。

可是从哪里找钱呢?艾力·卡德尔在万般无奈下只好回家又休息了10天。

这时一个名叫努尔·买买提的工友来到他家说:"艾力·卡德尔哥哥,沙吾提·尼亚孜队长让我今天来通知你赶快去上班,现在人家工期催得很紧,到处都需要人,说你再不去上班,单位就辞退你了。"

艾力·卡德尔问努尔·买买提:"你知道沙吾提·尼亚孜队长让我回去干什么吗?"

努尔·买买提说:"好像他们说还是当小工,现在最缺的就是小工。你像搬砖、和浆、抹泥子、刷油漆都是小工干的活。"

"天啊!"艾力·卡德尔长叹一声。老婆子吐逊尼牙孜罕·乌守尔也不知道应该对丈夫说什么,只是一个劲的在一旁抹眼泪。

艾力·卡德尔想一想自己的四个孩子和收养的一个孩子,全家7口人要吃、要喝、要穿,有的还要上学,不去上班没有了这份收入怎么办?

第二天他就怀着复杂的心情来到工地上班,在他的想象中,领导说什么也要看在他受工伤的面子上,先给他弄一份烧茶水、看工地、守大门或者管材料的轻活干干,等到恢复一个阶段之后再让他继续干小工。他小心翼翼的去问沙吾提·尼亚孜给他安排什么活,他想尽量自己少说话,人家的话多听,也许会换来人家的同情,但他想错了,沙吾提·尼亚孜反问他:"努尔·买买提没给你说吗?"

艾力·卡德尔问:"你叫努尔·买买提对我说什么?"

沙吾提·尼亚孜说:"你原来干什么,现在回来继续干什么。现在到处缺小工,没有小工就没有进度,没有进度就没有效益,挣不上钱大家喝西北风吗?"

艾力·卡德尔说:"我的伤还没有完全恢复,医生也说现在干重活怕已经骨折的肋骨恢复不好留下后遗症,能不能先给一个轻活干干,待恢复一个阶段再干重活也行。"

沙吾提·尼亚孜说:"在建筑工地哪有轻活干,你就不会干得慢一点,累了就休息一会再干,你又不是3岁的小孩子,这些道理你应该懂。"

但艾力·卡德尔天生就不是一个会投机取巧的人,不干就不干,干就要干好。

这时有些工友还不怀好意地说:你以前在宣传队干了十几年,到处宣传毛泽东思想,难道都是手电筒只照别人不照自己。有些人下来还悄悄地对他说,今后听我们几个哥们的,保准没有人欺负你。你一直在宣传队高高在上,吃香喝辣,现在谁管你?

艾力·卡德尔感到在思想和情感上与他们格格不入,在这个地方待下去迟早要出祸端。再加上干这个活,砖块搬得慢大工就吼叫,泥和得不匀大工也要大喊大叫,但搬得快自己的确吃不消,干了一个月后,他去意已决,他找到沙吾提·尼亚孜说明原因,表示坚决辞去在建筑工程队的小工。他还想着沙吾提·尼亚孜可能会挽留他,说几句暖心的话,令他没有想到的是,沙吾提·尼亚孜硬邦邦的抛下这样几句话:"人各有志,来去自由,尊重你的选择。"

第十三节　辞职容易挣钱难

由于一时的冲动辞掉工作,这就等于砸了自己的饭碗。开始很舒心,后来也很无奈。

辞掉工作回家的路他走得很吃力,也很漫长,他不知道回家和老婆娃娃如何谈这个问题。他经常教育孩子,吃得苦中苦,方能人上人,难道就因为这个活既苦又累,自己就甩手不干了,孩子们怎么看自己呢?老婆又会怎么想呢?

艾力·卡德尔感到最对不起的就是老婆吐逊尼牙孜罕·乌守尔,她从十几岁嫁到他家后,辛苦劳作,先后生了4个娃娃,又收养了一个。自己成天东奔西忙搞演出不在家。光这5个孩子就够吐逊尼牙孜罕·乌守尔劳心费神的了,他还要管理自己家的几亩地,还要参加队上的劳动,出义务工,凡是队上男劳力干的活,如开荒、种地、运肥料、修渠、采石、修路,没有她没干过的。她一心想着自己的丈夫有朝一日能够出人头地,让全家人都能够过得体面一些,风光一些,大人衣食无忧,孩子们都有个好的出路。可现在连一个建筑工地的工作都丢了,从此自己就像漂泊在波涛汹涌的大海上的一片孤舟,不知道命运将如何摆布自己。一路上他的头都沉重地抬不起来,不知不觉过了自己家门都浑然不觉,要不是儿子买买提明·艾力大喊一声阿达,他猛地一惊,这才发现自己已经过了家门口。

买买提明·艾力朝着正在做饭的妈妈喊道:"阿帕,阿达回来了。"自从吐逊尼牙孜罕·乌守尔嫁进艾力·卡德尔的家那天起,她记得丈夫每次从外面回来,不是吹着悠扬的笛子声,就是带来欢声笑语,小小的院落始终充满快乐。可是今天这是怎么啦?丈夫满脸都写着"忧愁"两字。

她突然发现丈夫比过去老了许多,便小心翼翼地问丈夫:"怎么啦?你今天咋就像换了一个人似的,还耷拉着脑袋?"

艾力·卡德尔很不好意思地慢慢抬起头无力地说:"我把建筑工地的活辞了。"他本来想着老婆子会大发雷霆,哭闹一番,没有想到吐逊尼牙孜罕·乌守尔哈哈一笑说:"看你那点出息,我还以为什么呢?你那个活我早就想让你辞掉,不干才好呢!你说说你跟那些人成天混在一起,有啥意思,你们压根就不是同路人,走不到一个道上。现在政策这样好,凡是有点手艺的人,都发家致富,你看人家打铁的、钉马掌的、开拖拉机的、开饭馆的都成了万元户,你又不是没有手艺,一个大活人还能被尿憋死?话又说回来,你那个活真的不适合你干,每天起得早,回来得晚,连我都睡不成一个安稳觉,累就累吧,辛辛苦苦一个月下来，还挣不上几个钱，受伤住个院吧，病没有好，医药费不给了。"

"啊，你没有意见？"艾力·卡德尔吃惊地抬起头反问妻子吐逊尼牙孜罕·乌守尔。

吐逊尼牙孜罕·乌守尔哈哈一笑说："这还有什么意见呢？你那个工程队的活辞得越早越好。你看看，工程队干活开销太大，衣服烂得也特别快，你在宣传队一件衣服要穿一年半载，在工程队可好，一件衣服有时候穿十天半个月就烂了。相比起来，不干工程队是好事，那个钱不好挣，要不是你主动辞掉，我还想逼着让你辞掉呢。"

"辞掉以后那我现在干什么好呢？"艾力·卡德尔问吐逊尼牙孜罕·乌守尔。

吐逊尼牙孜罕·乌守尔说："随便找个什么活都比干建筑队小工强。"

"可是我能干什么吗？"艾力·卡德尔无奈地说。

吐逊尼牙孜罕·乌守尔说："维吾尔谚语说：不会跳舞就不要嫌场地太窄，你为啥不发挥自己的优势去挣钱呢？活人还能被尿憋死？"

离开工程队后，他首先用15元钱买了一辆手推车，先回到家里种地，这时候家里有了7亩地，由于老婆种的地不如人家的好。农作物比较单一，所以收成也不太好，他想先把这些地种好，多产粮食，俗话说，仓里有粮，遇事不慌。他经营这7亩地后，种了小麦、玉米和各种各样的蔬菜，由于精耕细作，一年收入两三千元，粮食和蔬菜都实现了自给有余。

艾力·卡德尔想，如果光靠这点钱全家人就得喝西北风，于是他发挥优势，主动出击，四处联络，给人家婚庆吹唢呐、打手鼓，每月又可以收入1500元到2000元。在遇到困境的时候，他不放弃、不泄气、不埋怨，而是瞄准生活的靶心，发射出一颗颗强有力的子弹，让生活给他又打开了一扇崭新的大门。他说山阴处不缺白雪，羊肚子里不缺羊脂，人生来就不应埋怨生活，而是要积极的创造生活，这样的生活才会过得有滋有味，假如时时处处光想着等、靠、要，那不是生活，而是乞讨，是嗟来之食。

村里的许多人看到艾力·卡德尔没有被困难压倒，反而坚强地挺立起来，又创出了一条生活的新路，人们对他积极对待生活的态度纷纷点赞。

第三章　有路标的人不会迷路

第十四节　盯住婚庆市场闯荡人生

维吾尔族有这样的谚语,说"有人烟的地方,饿不死麻雀;长麦子的地方,饿不死人。"大千世界,各行各业,智者靠智慧生活,愚者靠蛮力过活。这让他懂得了如何在市场经济中像美丽的蝴蝶一样飞舞,他开始利用在大队和公社宣传队闯出来的名气资源和人脉资源,大搞婚庆活动,吹唢呐、打手鼓助兴演出。

从此,在和田县广袤的大地上,只要有婚庆,就有艾力·卡德尔的唢呐声和手鼓声。渐渐地他声名远播,人们都很自然地把现在吹唢呐的艾力·卡德尔与以前在大队和公社走村串户吹笛子的那个艾力·卡德尔联系起来,知名度和美誉度迅速提高。他成了这一领域里的开山鼻祖,从而也让他的唢呐婚庆助兴生意越做越红。

从2000年开始,艾力·卡德尔虽然每月也能够收入一两千元,但这时候家庭开支明显增加,自己的家里也需要像别人一样增添彩电、洗衣机、电扇等家电,儿子结婚,女儿出嫁,孙子上学,全家人的穿着等开销都比过去大大增加,最要命的是收入就像唐僧西天取经一样在地上慢慢走,物价却像孙猴子翻跟头一样不断打着筋斗往上翻,艾力·卡德尔经常出现囊中羞涩的尴尬。

婚庆市场不是不行,而是潜力也是有限的。价格高了人家不做,收费少了,赚的不多,它是根据当时的社会收入水平水涨船高的,怎么办呢?

能不能自己加工制作一些乐器,利用婚庆吹唢呐助兴的机会叫卖呢?如果这条路能走通,收入就会双轨并行,锦上添花。

艾力·卡德尔历来就是一个能够把命运牢牢掌握在自己手里的人,也是一个有想法有办法,有了想法马上实施的人。

6月的和田,沙尘暴遮不住太阳,到处柳绿花红,阳光灿烂,艾力·卡德尔怀着对新生活的无限憧憬,做了一个手鼓,一敲一打,欢快的声音无限美妙,他在寻找着出售的时机,看这个投石问路的手鼓能不能给他带来格外的幸运,打开另一条生财之道。

有一天卡郎谷塔格乡的一户人家结婚邀请艾力·卡德尔去吹唢呐,他顺便带上这个新做的手鼓摸摸市场行情。这个乡地处昆仑山,是山区乡,与其说和田比较封闭,那这个乡就更加边远封闭了,山里的人还没有见过结婚又吹唢呐又打手鼓这样的欢乐场面,村里人结婚历来都是全村人的大事,大人小孩子都围着艾力·卡德尔,用羡慕而惊异的眼光看着他一会儿鼓着腮帮使劲吹唢呐,一会儿又欢天喜的地打手鼓。

有个名字叫阿扎提·吐逊江的中年汉子大声问艾力·卡德尔："你的唢呐和手鼓都是自己做的还是从别的地方买的？"

艾力·卡德尔很自豪地对他说："全都是我自己做的，我都吹吹打打一辈子，什么样的乐器好用，什么样的不好用，我自己心里都有谱。"

"一个多少钱？"阿扎提·吐逊江又问艾力·卡德尔。

艾力·卡德尔反问他："你是问唢呐还是手鼓？两个的价格不一样。"

阿扎提·吐逊江说："唢呐和手鼓的两个价格我都想知道。"

"唢呐80块钱一个，手鼓200块钱一个。"艾力·卡德尔告诉阿扎提·吐逊江。

"有没有优惠，能不能再便宜一点？"阿扎提·吐逊江很内行的又问艾力·卡德尔。

"这是最低价了，都是实价。你到大巴扎去看看，哪有这么好价格又这么便宜的乐器。现在城里商店随便一个好一点的手鼓都要好几百块钱，其实我要的就是最低成本价。我今天正好带来一个，如果你喜欢这个手鼓，200块钱你就拿去。"艾力·卡德尔说。

阿扎提·吐逊江看来也是一个相当爽快的人，二话没说，掏出二百块钱就给了艾力·卡德尔，拿起属于自己的手鼓敲了起来，当他确认这是一个好手鼓时，非常满意地说："这个老头没有说假话，真的货真价实，200块钱在其他地方的确买不到这样的手鼓。"

这时有人对艾力·卡德尔说："干脆你吹唢呐，阿扎提·吐逊江打手鼓，两个人配合起来一定非常好听，阵势也大。"

艾力·卡德尔听了那个人的话，对阿扎提·吐逊江说："咱们就一块来试试。"他们两个一个鼓着腮帮吹唢呐，一个使劲打手鼓，悠扬的唢呐声和欢快的手鼓声加在一起,果然效果非常好。

这次进卡郎谷塔格乡吹唢呐,艾力·卡德尔有两个比较大的收获,一个是他发现农村市场对民间乐器有一定的需求,二是他必须找一个会打手鼓的人和自己一块来打手鼓、吹唢呐助兴婚礼。这样效果会更好,影响会更大,他越琢磨越感到心明眼亮干劲足。

他回家后一不做二不休,加班加点又做了4个手鼓,每个200元,全部都卖了。这一个月光卖手鼓加吹唢呐一共就收入两三千元。

当然卖手鼓是一件好事,但他发现自己卖的乐器品种太单一,售价也低,根本就赚不了大钱,他又琢磨能不能制作几个扬琴试试呢?

维吾尔谚语说:"没有比智慧更宝贵的财富。"在这个以人为本的时代,勤奋的人前途无量。他回家敲敲打打,按照扬琴的模样,制作了一个扬琴,他敲打了几下,感到和以前大队宣传队去兵团农场演出时,马场长送给他的那个扬琴没有什么两样。他到商店一问,一架扬琴1000元,人家做的外表光滑细腻,看起来也顺溜,自己做的就是再打磨抛光上漆,但外观还是赶不上人家的好看。那就以价格取胜,商店一个扬琴卖到1000元,自己制作的只收一半。这一着果然奏效,为他的产品走向市场打开了另一条广阔的绿色通道。

他想,光蒙着头做不行,一定要到和田城里去了解大市场,研究价格,再通过吹唢呐的机会调查需求,摸准行情,瞄准定位,推销产品。对市场需求这一块,谁也没有他得天独厚的条件。

和田红星商场是和田地区最大的一家综合性商场,商品琳琅满目,应有尽有,这个商场还设有专门的乐器专柜,艾力·卡德尔有事没有事都喜欢往红星商场跑,他进去以后认认真真的研究了各种乐器的式样价格,然后在脑子里构图,回来马上按图索骥,加工制作。他听说广东、浙江、福建等东南沿海的商人就是这样发财的,这对艾力·卡德尔影响很大。他如法炮制,所有自己制作的乐器都半价销售,很快他家俨然就成了一个乐器制造加工厂。不少人口口相传,加上他吹唢呐自我宣传扬名,需要乐器的人都慕名到他家里购买。为了满足更多人的需求和防止生产过剩,他实行先交押金,订单制作,防止了产品积压。

当然,在市场经济的冲击下,什么样的人和事都可以冒出来。在与艾力·卡德尔打交道的人中,有君子也有小人,有个穿着鲜亮的人到他家说要买一把唢呐、一个手鼓,掏了掏口袋一拍脑门说:"嗨!坏了,咋出门没有带钱呢?都怪老婆没有给我装钱,这多丢人。"

艾力·卡德尔是一个实诚人,他指着一支唢呐一个手鼓对那个人说:"这两个东西你看好就拿走吧,下次顺路把钱送来就行。"

"那不行,要不我给你打个条子,要不明天我送钱来再拿东西吧?"他欲擒故纵地说。

艾力·卡德尔说:"一回生二回熟,今后还要仰仗你多加宣传呢,咱们维吾尔人讲的就是一个信誉。"

这个家伙一看拿走艾力·卡德尔的东西连白条都可以不打,连声说:"是啊,是啊,咱们维吾尔族最讲信誉,既然你不让打条子,那我就先把东西拿走了,今天我遇到贵人了,真是太感谢你了,明天我一定把钱送过来。"可这个人拿走乐器后再也没有露面。

从那以后,艾力·卡德尔明白了市场经济中人与人之间已经悄悄发生的神秘变化,看来害人之心不可有,但防人之心绝对不可无。从此不管谁要买东西都是一手交钱一手交货,钱货两清。如果有人要订货,必须先交定金,做到先小人后君子。

为了弄清楚价格,做到知己知彼。有一次他去红星商场看到一架扬琴,就笑嘻嘻地问营业员:"这架扬琴多少钱?"营业员说:"最低1000元。"

他又问："200元卖不卖？"营业员先是大吃一惊，继而没有好气地说："这里东西不还价。"说完漫不经心的低头玩手机，再也无心搭理艾力·卡德尔。

艾力·卡德尔笑笑说："你们的扬琴货不错，牌子也亮，就是价格太高了，和田县吐沙拉乡有个人自己做的扬琴一架才卖四五百元，比你们的价格低一半。"

营业员猛地抬起头说："我们也听说了，这个人低价销售乐器对我们冲击太大了。当然他是家庭手工作坊，不交产品税和销售税，也不用租销售场地，没有中间环节的成本支出，当然便宜了。但我们不怕，他做的东西质量不可靠，我们卖的是名牌货，那些买便宜东西的人迟早会吃亏的。"

艾力·卡德尔认准了"不管白猫黑猫，抓住老鼠就是好猫"的赚钱之道。披星戴月，昼夜奋战，一鼓作气制作了30多个手鼓、15个扬琴、500多个唢呐。如果一个手鼓卖200块钱，一个唢呐卖100块钱，一架扬琴卖400~500元钱，收入还是不错的。目前和田凡吹唢呐的人基本上用的都是艾力·卡德尔制作的唢呐。

这个消息传到乌鲁木齐以后，有一个名叫买买提·依明的中年艺人，专程来到和田登门找到艾力·卡德尔，请他按照200元的价格，一次给他定做15个手鼓。艾力·卡德尔不知缘由，加班加点赶制完成，他认为这是一笔大买卖，十分兴奋。

令他万万没有想到的是，买买提·依明拿着这15个手鼓回到乌鲁木齐以后，他找人在手鼓的边上镶上了许多个性突出的维吾尔族铜边花纹图案，一个就卖到5000元。

这事对艾力·卡德尔震动很大，为什么同样的东西，人家一加工就能翻25倍的价格销售呢？有人劝他也这样干，保准能挣大钱。艾力·卡德尔细细想了一下说："不行，一是加图案花纹自己不会，让人家做要价很高。再说乌鲁木齐的商海行情我们不熟悉,不会游泳弄不好还会被呛死。因为那根本就不属于我,要在和田卖那样高的价格,谁能用得起呢?和田的消费水平目前在全疆仍然都是很低的。"

外边的市场太大,但离自己太远。不能羡慕和妒忌人家赚大钱,自己还得走自己的路。这时候他每月都有三四千元的进账,按他的话说,已经满足得很,那么如何继续做得更大更好呢?他想到了培养徒弟。

第十五节　艾力·卡德尔收养义子

艾力·卡德尔自从离开了乡宣传队和工程建筑队,从此再也没有领导了,也没有上级了,有些事完全可以自己决定,但有些事还是最好找一个人商量。

维吾尔谚语说:"商量做事不会错,袍子宽大不会破。"可现在找谁商量呢?遇事只能和老婆子商量,维吾尔谚语还说:"夜里说的话,老婆说得对。白天说的话,妈妈说得对。"妈妈早已经不在了,只要有事不论白天黑夜,都得找老婆商量。

有一次他问老婆:"我想带个徒弟,找个帮手,参加人家的婚礼,一个吹唢呐,一个打手鼓,中间还可以换一换吃饭休息,有些人家只要唢呐声一停下来就不高兴,给你吊脸子,还说什么我们出钱请你来是打手鼓、吹唢呐助兴的,不是请你们陪客人吃饭聊天的。这样下去,一个人连轴转干得太累了。"

吐逊尼牙孜罕·乌守尔问:"你想收谁当徒弟呢?"

艾力·卡德尔说:"还没有物色到合适的人选。"

吐逊尼牙孜罕·乌守尔说:"肥水不流外人田,干脆让大儿子去跟你干吧,这样挣多挣少都在我们自家的锅里搅。"

艾力·卡德尔说:"不行,现在他是家里的顶梁柱,家里的那几亩土地全靠它种植管理,再说他也有了几个孩子,还得管教,他每天跟我早出晚归顾不上家,那样肯定不行。"

吐逊尼牙孜罕·乌守说:"要不就让老二巴克·艾力跟你学吧,他人聪明,学什么都快。"说起这个老二,还有这么一段奇特的故事。

巴克·艾力其实不是艾力·卡德尔的孩子,而是一个村里的孤儿。当他在母亲肚子里还没有出世的时候,粗暴的酒鬼父亲吾守尔·尼亚孜就绝情地和她妈妈买鲁木汗离了婚,妈妈嫁人后他才出世来到人间。后父亲坚决不要这个孩子,母亲买鲁木汗实在没有办法,就把他扔给了孩子的姥爷艾提·阿洪和姥姥阿依木汗来抚养,开始母亲买鲁木汗还隔三差五的来看看他,有时背着后父偷偷地给他送一点吃的、穿的、用的。

谁知巴克·艾力的母亲和后父亲结婚后又接二连三的生了3个孩子,再也没有精力管他了,渐渐地也就再也不管不问了,久而久之,也就把他淡忘了。

谁也没有想到,屋漏偏逢连夜雨,后来疼他爱他的外婆也去世了,外公又找了一个老伴,没有过多久,姥爷也咽了气。

姥爷艾提·阿洪的去世对年幼的巴克·艾力打击很大,从此,他无家可归,流浪村头,成了全村最可怜的孩子。

他在走投无路的情况下,从他所在的26大队赤着脚走到母亲所在的20大队,他想找母亲给他一条活路,可后父亲根本连门都不让他进,还恶狠狠地说他就是一个丧门星,让他赶快滚蛋,而且滚得越远越好。

这可怎么办呢?天地虽然广阔,竟然没有他的立足之地。这时他想到还有一个同父同母的哥哥在15大队,他想去投奔哥哥,但是这个哥哥从来就没有和他联系过,见面干脆说不认识他,将他拒于门外。妈妈和后父亲生的三个孩子年龄都和他相差不了几岁,他也想去找他们,可是以前从来就没有联系过,他认人家是弟弟妹妹,可人家根本就不认他们有这样一个穷酸的哥哥。

衣衫褴褛、面黄肌瘦的巴克·艾力真的走投无路了,他想到死,但他下不了这个决心。他每天都以泪洗面,到处在垃圾堆里捡东西充饥。

"巴克·艾力现在成了孤儿,吃饭睡觉的地方都没有,干脆就让他到我们家来吧,我们一直是好兄弟,他来还可以和我们一起干活。"儿子说。

艾力·卡德尔和吐逊尼牙孜罕·乌守尔也不是没有想过收养这个孩子的事,可是自己家里已经有6口人,生活也不宽裕。但也没有别的办法,这孩子所有的亲戚家都去了,谁也不要他。怎么办呢?

最后艾力·卡德尔和吐逊尼牙孜罕·乌守尔经过反复商量,最后达成高度共识,4个孩子是养,5个也是养,多一个孩子不就是多一双筷子。两个人一咬牙,决定收养巴克·艾力,按照年龄排行老二。他们为此专门开了一个家庭会议,艾力·卡德尔和吐逊尼牙孜罕·乌守尔要求自己的几个孩子不许欺负巴克·艾力,在吃穿用等方面,艾力·卡德尔和吐逊尼牙孜罕·乌守尔就像对待自己的亲生儿一样对待这个苦命的孩子,家里有烤包子等好吃的东西自己都舍不得吃,也要留给巴克·艾力一个。

巴克·艾力从小就没有上过学,艾力·卡德尔不但教他学会了开拖拉机、织地毯,2009年还给他从墨玉县找了一个对象结了婚。

巴克·艾力结婚时,艾力·卡德尔和吐逊尼牙孜罕·乌守尔老两口就像对待自己的亲生儿子一样为他操办婚事,建房时为他订门订窗,找人帮他建房,他们生了小孩以后还帮助照看。2010年建了两间房子让他们先住着,2015年用国家补贴和自己积攒的钱又建了84平方米的房子,让他有了一个崭新的家。

吐逊尼牙孜罕·乌守尔说:"巴克·艾力这孩子过去没吃没穿太可怜了。收养一个孤儿,就等于做了一件善事。不收养就算了,既然收养了,就要像对待自己的孩子一样,让他有一个家的温暖,现在一到夏天,巴克·艾力就和一个哥哥一个弟弟在建筑工地当架子工挣钱,冬天卖块煤。一家五口人小日子过得红红火火。他经常对人说艾力·卡德尔和吐逊尼牙孜罕·乌守尔就是我的亲爹娘。"

但这次谈到带徒弟,艾力·卡德尔果断地否定了老伴的意见。他对吐逊尼牙孜罕·乌守尔说:"不行,巴克·艾力没有上过一天学,基本的乐理知识都不懂,还是让他跟着咱们两个儿子在建筑工地干架子工吧,这比较适合他,不要打破他的生活常态。我要找的这个徒弟要求一定要高,既要能吃苦,有乐感,人也要活络,有时候还能独当一面。我自己找一个,他干得好我就让他跟我干,干得不好我就辞掉再找,外人怎么都好说,自己的人反而不好使,弄不好还容易结仇。"

话都让艾力·卡德尔说完了,老婆子吐逊尼牙孜罕·乌守尔还有什么可说的呢!在这个家,其实大事小事基本上都是男人当家。为什么说男人是顶梁柱呢,女人不服不行。

第十六节 要让徒弟也过上好日子

艾力·卡德尔一直想物色一个很好的徒弟,他的要求是,人长得好赖不要紧,关键是要人品好,责任心强,无不良嗜好。可这样的人从哪里去找呢,茫茫人海,要找一个称心如意的人来配合自己打手鼓,真的还不容易。

真是踏破铁鞋无觅处,得来全不费工夫。在一个村庄婚庆吹唢呐助兴时,有个名叫买买提明的人一直站在一边专注地看着艾力·卡德尔吹唢呐,这个人引起了艾力·卡德尔的极大关注。

买买提明个头不高,两只眼睛炯炯有神,身体不胖不瘦,笑起来露出十分可爱的两个酒窝。他不像有些农民满嘴黄牙,而是长着两排农村男人很少见到的洁白牙齿,他就像唐僧在取经路上遇到孙悟空一样,艾力·卡德尔暗暗喜欢上了买买提明,艾力·卡德尔认为这就是自己要找的徒弟。还没有等到艾力·卡德尔找买买提明说找徒弟的事,没有想到买买提明主动靠了上来。买买提明凑到艾力·卡德尔跟前弱弱地说:"师傅,这个手鼓我也想敲,可以吗?"

这正和艾力·卡德尔的心愿,艾力·卡德尔笑眯眯地问:"你会吗?"买买提明嘴一咧憨憨地笑着说:"我想不难,学一下就会了。"

看到他如此自信,艾力·卡德尔十分高兴。他把手鼓交给买买提明说,你敲敲我看怎么样。买买提明接过敲鼓棒,不卑不亢,两只手一上一下,只用了一会儿就敲得有模有样,很快就学会了。买买提明学得这样快完全出乎艾力·卡德尔的预料。他一看这个人踏踏实实,接受能力又强,完全是一个十分靠谱的人,就问他愿意不愿意和自己一块吹唢呐敲手鼓。

买买提明高兴地说:"那当然好,可是?"

艾力·卡德尔对他说:"你要说什么我知道,是不是工钱怎么发?我明确告诉你,第一个星期只管吃饭,不发工钱,以后怎么发要看你的表现。"

买买提明说:"就按照你说的办,不过我请你到我们家去做客。"

买买提明第二天就开始跟艾力·卡德尔去打手鼓,这个星期活比较多,他们整整干了一周,每天有拉条子有抓饭吃,走的时候主人还给每人打包带一些糖果、抓饭,天天就像过年一样,精神物质都得到了极大的满足,买买提明从来还没有碰到这样的好事,他高兴得很。

买买提明再次邀请艾力·卡德尔到他家去做客。

过了几天,艾力·卡德尔抽出一个没有婚庆的时间,专程如约来到买买提明家,他惊呆了。这哪里像一个家呀!买买提明家只有两间破土屋,家里没有一只羊,没有一只鸡,房屋的土墙快倒了,到处跑风漏雨,床上只有破烂不堪的一床被子,锅灶上也没有什么看得过去的东西。

他惊奇地问买买提明,你老婆呢?正说着,从隔壁堆放杂物的房子走出来一个满脸脏兮兮的女人。

买买提明对艾力·卡德尔说:"师傅,她就是我老婆。"

艾力·卡德尔赶忙对他老婆说:"你好?"

可是这个女人嘴里吱吱啊啊,含混不清地说着什么

艾力·卡德尔根本就听不懂她的话,这是怎么回事呢?

艾力·卡德尔吃惊地问买买提明:"你老婆咋啦?"

买买提明十分羞愧地说:"她不会说话,她是哑巴。"

"孩子呢?"艾力·卡德尔又转身问买买提明。

买买提明不好意思地说:"她肚子里没有,生不出来。"

艾力·卡德尔问:"你们有地吗?"

买买提明嗨嗨一笑说:"没有。"

艾力·卡德尔奇怪地问:"那是为什么呢?"

买买提明说:"我们是后来户,我们来的时候地已经分完了,所以我们没有地。"

"那你们平时靠什么过日子?"艾力·卡德尔又问。

买买提明说:"主要靠低保。"

艾力·卡德尔在买买提明的房间用余光扫射了一圈后问:"你们家怎么连一台电视机都没有?"

买买提明不好意思地说:"不是没有,以前国家免费给了一台,电费我们出不起,就拿到巴扎上换粮食吃了。"

怎么会这样呢?艾力·卡德尔完全了解了买买提明一家的生活状况。这在南疆农村是一个并不多见的典型的特困户,他决心帮助买买提明,尽量让他生活得好一些。

他对买买提明说:"从明天开始,你参加一场婚庆活动,人家给我100块钱,我就给你20块。今后人家给我的钱多了,我给你的也多,水涨船高,你看怎么样?"

这对吃了上顿没有下顿的买买提明来说,简直就是天上掉下一块肥肉,还有什么可说的呢。他双手合掌,喜泪涟涟地说:"谢谢哥哥,谢谢哥哥,你就是我的救命恩人。"那时婚庆活动邀请艾力·卡德尔去敲手鼓、吹唢呐的人比较多,价格也不断上涨,买买提明的收入每个月一般都能拿到五六百元,最好的一个月甚至超过一千元。

有了这笔收入,加上低保,还有每次给哑巴媳妇带的抓饭,渐渐地买买提明家的日子也好了起来。买买提明不光是因为有了这份收入而高兴,更是因为有了民间艺人的头衔,人家也上门约他为婚礼吹唢呐、打手鼓,让他感到活得有了人样,有自尊有喜悦。人这种动物很特别,也很奇怪,只要精神一满足,有一个他可以施展能量和被人承认的平台,就是物质差一点,他也可以活得神采飞扬。

自从跟恩师艾力·卡德尔打手鼓以来,买买提明家喜事连连,国家富民安居工程的阳光普照新疆大地,买买提明没有花几个钱就住上了84平方米有水、有电、有电视的新房,家具、被褥、炊具都换成了新的。只要有婚庆活动,艾力·卡德尔的电动摩托车就会如约来到买买提明家接他去打手鼓,在众人簇拥和羡慕中打一天手鼓,吃两顿好饭,再获得一笔收入,然后被艾力·卡德尔的摩托车送回家。对一个普普通通的农村人来说,不是一般人都能遇上这样的好事的,他一度过得非常风光和无比的惬意。

在买买提明跟前不能提艾力·卡德尔对他的好,一说他就情不自禁的抹眼泪。他说:"我是一个外来户,嘴比较笨拙,老婆又是一个哑巴,和村里的人不会交流,人家也都不愿意和我们交流,就是过古尔邦节,人们也都不愿意到我们家,我们原来在这个村里生活在社会的最底层,谁都瞧不起。现在新房有了,家电有了,吃喝也好了,穿戴也光鲜了,我也敢往人跟前走了,要是和同村人相比,也看不出我们是最穷的特困户了。我现在出去吹唢呐来回都是艾力·卡德尔大哥用车接送,手鼓也是他的,我一分钱都不掏,还有好吃好喝及可观的收入,我一辈子都忘不了艾力·卡德尔哥哥的好处。"说着说着他又扯起衣袖悄悄抹起了眼泪。

第十七节　他和徒弟的悲喜情缘

11月末,新疆已进入隆冬季节,但和田还感受不到冬意。加上全球变暖,入冬迟缓,和田大地仍然被一片一片金黄色的胡杨林所覆盖,好像和内地的深秋时节一样,到处都是暖洋洋的,丝毫感受不到冬季的气息。

这天艾力·卡德尔出去演出了,我就和他的老伴吐逊尼牙孜罕·乌守尔聊起了他们的爱情故事,聊得正高兴的时候,他家来了一个穿休闲装的精干小伙,吐逊尼牙孜罕·乌守尔对我说:"他叫居玛·尼亚孜,是和她们一个村的,以前是修车的,有一次上房顶时不慎摔了下来,把腰摔坏了,从此干不了重活,现在村里安排他当联防。但工资太少,他很想跟着艾力·卡德尔学乐器,为自己的后半生打个生活的基础。他非常羡慕艾力·卡德尔,常常说人家一个70岁的老人,还活得像年轻人一样,开着摩托车带上徒弟到处参加婚礼吹唢呐、打手鼓,你说说,天天和结婚办喜事的人在一起,他享受的都是阳光雨露,都是快乐生活,他能不高兴吗?他太伟大了,人常说人活七十古来稀,一般的农民一过70岁,吃东西牙齿不行,听话耳朵不行,看东西眼睛不行,走路腿脚不行,上床那个东西不行。可你看看艾力·卡德尔大叔,他哪点不行?他有平台、有寄托、有想法、有快乐,我看干他干的这个活最好,现在他谁都不求,不少人还得求他。"

"特别令我感动的是他什么乐器都会,性格还好。"居玛·尼亚孜说,"我现在的最大愿望就是跟他学习吹唢呐,学好了这门手艺,也跟他到民间去演出,那多带劲,吃香喝辣还有钱赚,这样自己的生活路子也会宽一点。像我这样摔伤致残的人,虽说政府不能看着不管,到时给你一点救济或低保,但靠人施舍或靠政府救济,那必定是嗟来之食,吃得消,咽不下。"居玛·尼亚孜接着对吐逊尼牙孜罕·乌守尔说:"阿姨,你好好给艾力·卡德尔大叔说说,让他收我为徒,我会感激你们一辈子的。"

我问艾力·卡德尔,你一共收过多少徒弟?

艾力·卡德尔没有说具体的人数,只是说了几个徒弟的悲情故事,听起来让人肝肠寸断。他说以前没有想到要带多少徒弟,就是想人多热闹一些,他去参加婚庆演出的时候最多去过4个人,一个是买买提明打手鼓,另一个名叫加帕尔的也打手鼓,他自己吹唢呐,还有一个叫艾则孜·伯克的小矮人拉手风琴。艾则孜·伯克别看他人长的小,35岁才跟艾力·卡德尔学乐器,他可悟性特别好,是一个学什么会什么的大能人。一般情况下都是他们四人一块出场,这样阵势大,效果好。要是人家给的钱少,或提出不要那么多人去,他一般都会轮流带艾则孜·伯克、加帕尔和买买提明参加,让他们都有钱可赚。人和人不一样,有些人家穷,怕去的人多了,吃的抓饭多,所以只限制两人参加。有次参加演出后,第二天还有演出,加帕尔为了不耽误第二天的演出,就连夜赶回去埋葡萄树,可第二天艾力·卡德尔左等右等不见人,艾力·卡德尔上门去找加帕尔时一看,家里人正在给加帕尔办丧事,说加帕尔埋葡萄树时突发脑溢血去世了。这对艾力·卡德尔打击不小。

就说那个小矮人艾则孜·伯克吧,也是好人命不长。自从他跟艾力·卡德尔演出后,有了经济来源,生活一天比一天滋润,但有一点不好的地方,就是口味重,动不动就喜欢喝两口,只要喝起来就管不住自己,每次人们发现他不是躺在树林子里,就是睡在马路上,而且总是烂醉如泥,也就是这个毛病最终害了他。

有一次艾力·卡德尔带他到和田乡下参加公益巡回演出,活动结束后,艾力·卡德尔问他回不回去,要是回去的话就用自己的电动摩托车送他回家。艾则孜·伯克说,他有几个朋友邀请他喝酒,喝完他自己回去。

艾力·卡德尔叮嘱他少喝点,早点回去,免得家人操心。

艾则孜·伯克对艾力·卡德尔说:"师傅,你放心吧,我不会喝多,也不会喝醉,喝完就回去。"结果一上酒桌,他还是禁不住人家劝酒,喝得酩酊大醉,一路晕晕乎乎,摇摇晃晃,不知不觉走到马路中间时,被一辆快速行驶的汽车当场撞死了。

说起带徒弟的事,艾力·卡德尔由于两个爱徒的不幸去世,难掩悲伤,说着说着,两眼竟然扑簌簌地滚下了几滴亮晶晶的泪珠。

艾力·卡德尔伤感地说:"我们都是叶子,也总会有飘落的一天,这些年带的徒弟不算少,许多已经没有清晰的记忆,只有艾则孜·伯克和加帕尔把他们的背影留在了过往时代的剪影里,那是青春热血的澎湃梦。"

"你一共带过多少徒弟?"我还是想打破砂锅问到底。

他嘴一撇头一摇,不无伤感地说:"那个枯燥的数字对我已经没有多大意义了。"

现在身边跟了他十几年的就是买买提明,不过现在包括他的孙子在内的不少人都想跟他学这一门手艺。艾力·卡德尔打算好好再带几个徒弟,把阵势搞得再大一些,有时候请他的人多时,他可以让几个徒弟分头进行。占住市场,把这项农民喜欢的民间艺术搞成一个产业,随着他的年龄增大,他只做联络和组织管理工作,有财大家发,有福大家享,我虽然改变不了他们的生活,但可以改变他们生活的方式。

第四章　人民祈求安定

第十八节　宗教极端毁了我的幸福生活

　　社会不稳，人心不宁，生活不安。就在艾力·卡德尔铆足劲试图大展宏图的时候，按艾力·卡德尔的话说:"是宗教极端毁了我的美好生活。"

　　艾力·卡德尔说:"从2000年开始，我有个明显的感觉，找我们吹唢呐、打手鼓的人越来越少，收费也越来越低，还不敢和人家讲价钱，稍微一提价钱，人家就会说，的了吧，现在我请你来，就是给你们最大的面子，你不睁开眼睛看看，现在还有多少人敢请你们，今后你们就喝西北风去吧。"

艾力·卡德尔只好忍气吞声,哪还敢还价呢?这样一个月下来,最少的时候才收入300元。

过去都是人家上门请他,有的时候时间还排不开,现在艾力·卡德尔一听说哪里有婚事,就跑上门揽生意,还被人家拒于门外,常常吃闭门羹。吹唢呐的生意越来越难做。人们惊奇的发现,原来好端端的社会,现在好像冒出一股前所未有的阴风,无孔不入地到处嗖嗖地刮着,吹得人脊背透凉。渐渐地社会上的人看不到笑脸,婚礼上听不到音乐,更为严重的问题还在后面,有些男人蓄起了大胡子,即便走在路上遇到以前认识的人也不上前打招呼。原来浓浓的乡情不见了,厚厚的亲情没有了,使人与人的距离一下拉开了许多,人性都扭曲了变歪了。社会出现了大逆转,好像人们又穿越时空,回到了中世纪或更早的远古时期。电视也不让看,收音机也不让听。过去农民喜欢下地带一个小小的半导体收音机,边干活边收听广播,可以听到许多党的富民政策和科学种田的知识,或听到不少幽默笑话、悦耳的音乐等,可现在也不敢光明正大的听广播了,你要是拿出收音机来一听,马上就有人说:"你没有事听那破玩意儿干吗?喇叭里说的都是冠冕堂皇骗人的话,经常说北京、上海好,你去过吗?你见过吗?他们好和我们有啥关系?一毛钱的关系都没有。"

婚庆活动不让吹唢呐、打手鼓,唯一的生活来源就断了。原来宽裕的经济马上就捉襟见肘,这可咋办呢?他再次陷入生活穷困的泥潭。可比他生活更困难的还是徒弟买买提明。徒弟来找他赶快想想办法,这样下去生活怎么过呢?买买提明对艾力·卡德尔说:"师傅,咱们是不是到其他地方去看看,这样等下去不是等死吗?"

艾力·卡德尔不知道他能够坚持多久,但他还是继续坚持、坚持、再坚持。

是啊,天无绝人之路,为什么不开动脑筋想办法呢?当时艾力·

卡德尔还天真地想,是不是和田宗教气氛浓不让吹唢呐,其他地方还有吹的空间。

他和徒弟买买提明一商量,说走就走。他就骑上摩托车,带上徒弟远走洛浦、策勒、民丰。他想那些地方比较偏僻,说不定婚庆上还有欢声笑语。他们刚到洛浦县城,人生地不熟的不好找生意,为了打开局面先把人吸引过来,再向人家介绍他们的服务项目。他们就在冷冷清清的广场中央打手鼓、吹唢呐营造气氛,这时有一个蓄着大胡须的青年气冲冲的走过来问:"你们从哪里来的?"

"我们从和田来。"艾力·卡德尔以和田人先天的优越感回答他。

"你们不在和田好好的蹲着,跑到洛浦来干什么?"大胡须青年问他。

艾力·卡德尔说:"我们想看看这里有没有人婚礼上需要我们吹唢呐、打手鼓。"

大胡须青年眼睛一瞪恶狠狠地说:"你们想错了,啊!和田不让吹想跑到我们洛浦来捣乱,没门,赶快滚吧!"

艾力·卡德尔生气地说:"你是干什么的?你叫什么名字?你为什么叫我们滚蛋?广场是你的地盘吗?明明是人民广场,我们为什么不能吹唢呐、打手鼓?"

大胡须青年没有想到和田还有人敢跑到洛浦向他挑战,脸一横嘴角溅着唾沫星,用手指头指着艾力·卡德尔说:"你少给我啰嗦,你不要问我是干什么的,说出来吓死你,我现在叫你立即走人,你就得走,不要把我惹烦了,惹烦了我把你们的东西全部砸烂,你信不信?"说着就要动手砸东西。

艾力·卡德尔掏出手机理直气壮地对大胡须青年说:"洛浦也是共产党的天下,我就不相信洛浦没有王法,我一看你就不是个好人,我现在立马报警,让警察把你抓走去蹲监狱。"没有想到那个胡须青年恶狠狠地说:"怕蹲监狱我就不来管你,我明确告诉你,我就是刚从监狱出来的。"他想以此来镇住艾力·卡德尔,没有想到,艾力·卡德尔比他还厉害,继续故意高声对着话筒向警方举报。

真是魔高一尺,道高一丈,艾力·卡德尔的凌然正气吓住了那个留着胡须的小青年。这时正好有一辆特警巡逻车从远处向这里开来,那家伙一看还以为是艾力·卡德尔真的报了警,叫来了警察,一下就溜得无影无踪。

这时候一直在一旁看这出好戏的一个满脸慈善的老者慢慢走过来对艾力·卡德尔说:"兄弟,你的胆子真大,要是洛浦人就不敢惹他们,这些家伙到处胡说八道,他们到处说结婚证不清真,户口本不清真,国家给的电视机也不清真,只要是共产党给的东西什么都不好,他们是一群地痞流氓,谁惹他们他就和谁急。"

老人叹了一口气接着说:"现在我们这里结婚不让欢笑,丧事不让哭泣,连结婚证都说不清真,年轻人结婚都不去民政局办证了,十几岁的娃娃不努力上进干大事,早早就想结婚,不到法定年龄民政局肯定不会批准,他们找到阿訇就算合法夫妻了,这样下去社会还不乱套,我就想不通,世道咋就变成这个样子了。广场上有一个大大的塑像,毛主席天天在和库尔班·吐鲁木握手,不知道他们都说了些什么,我们身边出现的这些事不知道他老人家知不知道,还管不管。"

艾力·卡德尔连声对白胡子老人说:"谢谢你的点拨和提醒,我们还以为洛浦这边天高皇帝远,比较松动些,没有想到气氛比和田还紧张。"

白胡子老人说:"好事不出门,坏事飞着走。"说完他无奈的挥挥手说:"老弟,收拾一下你们的东西赶快走吧!洛浦的空气比你们和田还要沉闷,这里不是你们的久留之地,弄不好刚才那家伙一看到警车走了还会来捣乱。"

走,还是不走?买买提明也不知道说什么好,他眼巴巴地望着六神无主的师傅尽快拿定主意。

艾力·卡德尔必定是经过大世面的人,他斩钉截铁地说:"没事,有人烟的地方饿不死麻雀,长麦子的地方,饿不死青草。此地难留爷,自有留爷处,咱们收拾东西走。"

这一个月,他们苦苦挣扎,才参加了两次婚庆吹唢呐助兴演出。

有时候艾力·卡德尔在路上碰到一些熟人问他:"卡德尔大叔,现在生意怎么样?"他只能打碎牙齿往肚子里吞,但碍于情面,还不能说不行,说不行那是很丢人的事,维吾尔族人最顾及脸面,他总是哼哼干笑两声说:"亚克西。"

他不但不在外人面前讲苦处,就是在家人面前也不讲他在外边遇到的难处和麻烦,因为讲给他们又有什么用呢!生活好不好,其实,好不好他自己心里最明白,他心里天天在滴血。他不知道社会为什么会变成这样,他一遍遍地在追问天、追问地、追问自己。

生活的艰辛再次考验着艾力·卡德尔的智慧和能力。

第十九节　磨剪子菜刀很难糊口

维吾尔族谚语:"急躁的人碰鼻子,稳重的人得实惠;软骨头的呻吟多,懒汉子的借口多。"

一定要做一个真正的生活的强者,夜深人静的时候,把自己的心掏出来缝缝补补,完了又塞回去,睡一觉醒来还是信心百倍,活着就是要逢山开路遇水架桥。生活,你给了我压力,我就要还你奇迹。人们生活的原则就是:往高处走,朝平地坐,向阔处行。为社会奉献经典,为人生创造精彩。

人们没有了婚庆上的热热闹闹,自然就没有唢呐、手鼓,没有唢呐手鼓,就没有艾力·卡德尔的幸福生活,其实事情就那么简单。

但远虑是一回事,现在要认真考虑的不是远虑而是近忧。艾力·卡德尔还是把眼光紧紧地盯着市场,像猎人寻找猎物一样,寻找着生活中哪怕就像萤火虫一样的任何一个亮点。

功夫不负有心人,这回就像瞎猫碰了个死老鼠一样,真让他碰上了狗屎运。有一次他在和田街道上左顾右盼时发现有个河南人挑着一个担子,一边挂着砂轮和磨刀石,另一边挂着一个小板凳,在街上到处高声吆喝,磨剪子菜刀。

艾力·卡德尔迎上去问:"老人生意怎么样?"

河南老人大大咧咧地说:"嗨!赚不了大钱,但可以糊口。"

艾力·卡德尔问:"磨一把菜刀要多少钱?"

河南老人说:"嗨,谁能给你多少钱呢?一把一块钱呗。"

"那你一天最多能磨多少把?"艾力·卡德尔又问。

河南老人说:"这说不定,要是磨刀的人多,快一点二三十把没有问题。关键是乡下许多维吾尔族人不懂汉语,我们去农村交流有困难。有些地方也不安稳,城里的汉族人又有限,磨一把刀使用的时间周期也比较长,要是懂维吾尔语到农村去生意会好得多,因为那个市场大得很。"

艾力·卡德尔接着问:"你发现没有,什么时候磨刀的人最多?"

河南人老说:"我还没有掌握规律,都是瞎碰,运气好就多一点,运气差就少一点,不过天天都有人磨剪子菜刀。"

艾力·卡德尔想,河南老人不了解,和田维吾尔族人每年都要过古尔邦节宰羊,这个时候磨刀的人一定很多。再就是农村家家户户过日子,磨剪子菜刀是必须的,但农村没有这样的磨刀专业户。生活被逼无奈,不妨闯闯试试。

维吾尔谚语说:"语言是花苞,行动才是果实。"他说干就干,他花了250元钱。请一个名字叫阿不都·沙拉木的人帮忙做了一个磨刀工具,安装在自行车后边,用自行车的传动轴带动砂轮,阿不都·沙拉木以前也磨过菜刀,由于磨菜刀不赚钱,所以他现在改行钉马掌,但他对磨菜刀很有经验,所以帮忙安装的磨刀机既轻松又方便,只要先把厚厚的刀刃在砂轮上轻轻地一打,再用磨石磨几下,刀子就锋利无比,毫无疑问,这种办法要比河南老人的土办法既省力又快捷。

阿不都·沙拉木问艾力·卡德尔:"你怎么也干起磨菜刀这个营生了?这个活可不好干,成天风里来雨里去,嗓子喊破了,胳膊都磨酸了,还挣不了几个钱。这活可不像你吹唢呐来钱快。"

艾力·卡德尔不再提吹唢呐的事,他说:"河南老人单枪匹马在人生地不熟的地方能干,我们在自己家门口为什么就不能干呢?"

阿不都·沙拉木嗨嗨一笑说:"河南是一个大省,人口多,竞争激烈,找个挣钱的机会也不容易,实在没有办法,只好远走他乡,单枪匹马地来到遥远的地方挣个糊口钱,常常都是一个人吃饱,全家不饿。"

艾力·卡德尔心想,同是天下沦落人,于是他也学着河南老人的样子,带着磨刀家什,开始走街串户,满村吆喝,到处转悠,人们很快就当新闻一样在下边传开了,说那个吹唢呐、打手鼓的民间艺人艾力·卡德尔,现在也改行磨剪子菜刀了。他在村里从小小的时候就吹笛子,再到大队和公社宣传队,一直是名人,所以他不用花钱去电视广播和报纸上去做广告,他的广告效应要比别的人好得多,他完全靠的是名人蝴蝶效应。没用多长时间,他很快就做出了影响。不少人一是看稀奇,看看艾力·卡德尔是怎样从一个唢呐艺人转变成一个江湖匠人的。二是真正来磨刀，他们相信艾力·卡德尔是一个干一行爱一行的人，所以一旦来的人都不会空着手，不是拿一把剪子，就是拎一个菜刀，或者拿一把宰羊刀，一边磨刀一边和他聊天。艾力·卡德尔俨然成了一个乡村话匣子，但在许多农村老人看来，艾力·卡德尔就是他们生活的榜样，更是他们的人生楷模，干什么都干得像模像样。

维吾尔谚语说："与君子交如鱼得水，与恶人交身败名裂。"在农村，他们就是喜欢和艾力·卡德尔这样的正派人打交道。这样一传十，十传百，口口相传，那些曾经请他吹唢呐、打手鼓的人有事没事也喜欢找他。特别是古尔邦宰牲节到来的时候，找他磨菜刀的人排成了队，都想把刀磨得快快的。

尽管磨剪子菜刀的人不少，但这是一个力气活，磨一把刀就一块钱，河南老人在城里早就喊出了价格，你想自己涨价，人家就会说你对乡里乡亲的人不厚道。连这点小钱都不放过。所以每天累得腰酸背疼，可挣的钱还不到吹唢呐的十分之一。即便宰牲节这几天他把价格提高到磨一个菜刀5块钱，一天也就挣三四百元，可是农村不可能天天都是宰牲节，即便他后来不断扩大服务项目，除了磨菜刀、杀羊刀以外，还把业务扩大到磨坎土曼、镰刀、斧头，只要人家有需求，他都说行，也都能磨。而且也能干好。他说磨剪子菜刀和吹唢呐打手鼓其实一样的，都是一种服务，人家掏了钱，你就要给人家提供最好的服务。你的牌子其实就是面子，牌子砸了，就等于面子没有了，没有面子还怎么活人，没有牌子还怎么做事。所以顾脸面的人其实就是护牌子，只有护好了牌子，才能护好自己生活的路子。

当时不少民间艺人自恃清高，放不下艺人的架子，感到艾力·卡德尔作为一个民间名艺人，干这种活太丢人，有失身份。

有的人还惊奇地直接问他，你怎么也干起这个活了？

艾力·卡德尔很坦然地说:"这又不丢人,热闹的婚庆气氛被破坏了,吹唢呐不让搞了,用原先的办法挣钱挣不上了,但人总是要生活,其他的我们又做不了,你说咋办呢?和我一块在宣传队待过的人,他们有的当了干部,有的当了教师,但那毕竟是少数。何况我们吹唢呐、打手鼓参加婚庆演出时,吃的比他们好,拿得比他们多,行动比他们自由。现在遇到坏光景没有办法,只要干啥能挣点糊口钱我就干啥,要不干什么去呢,我感到磨菜刀赚钱也不丢人,所以吹唢呐赚得多不惊喜,现在赚得少不灰心,温温和和过好自己的日子。钱多过得好一点,钱少过得差一点,靠自己的双手挣钱过日子饿不死人。"

第二十节　被逼无奈向政府开口要低保

半大小子,吃穷老子。艾力·卡德尔有4个子女加上收养的巴克·艾力,全家7口人要吃饭穿衣,家里花销很大,艾力·卡德尔的经济压力更大。他想无论如何也要让孩们吃饱穿暖,可每月这点收入怎么能确保大家生活得好一点呢?他拼命磨剪子菜刀,还是收入微薄入不敷出。

更可恨的是祸不单行,偏偏就在这个时候,他累得常常直不起腰,而且有时候腰痛得不得了。他想自己可不能躺在床上起不来。

吐逊尼牙孜罕·乌守尔担心地说:"死老头子,还不赶快去医院检查一下,有病就赶快治疗,拖成大病就麻烦了,我们一家子还要靠你过日子呢?"

艾力·卡德尔去医院一检查,医生说是肾结石,就是肾上有一块核桃大的结石,必须动手术才能把他取出来。如果不取的话,就会越长越大,经常腰酸背疼。

艾力·卡德尔到医院一打听,治疗要花不少钱,就在他为这笔治疗费发愁的时候,有人告诉他,县上有一家私人医院价格比公立医院低,你不妨去那里做手术比较合算。结果出院结算的时候比公立医院还要贵,他被这次治疗肾结石弄得一贫如洗。

唢呐不让吹了,手鼓不让打了,制作的扬琴、唢呐和手鼓堆在库房无人问津,刚刚治疗过肾结石,每天腰都直不起来,想后续治疗根本就拿不出钱来。

每年的古尔邦节都是隆重而来悄然而归,一年又一年,丰富了记忆,苍老了容颜,迎来了春光,送走了冬寒,一年又一年,人们从孩童走进中年,从中年又走进老年,多少理想从丰满走向骨感,一年又一年,不必感慨,也不必抱怨,最好的就是顺其自然。

有人指着他制作的那些手鼓、扬琴和唢呐说:你还存放那些破烂东西干吗?还不如价格贱一点卖掉,换几个钱养家糊口。还有人劝艾力·卡德尔把那些东西都统统砸掉,把那份心思也埋掉,种上几亩果园,养上一条小狗,就像一般老汉一样,顺其自然,安安静静地过日子算了,不要死抱着什么民间艺人的棺材板不放,归根结底你还是一个农民,与众不同的是,你有一个会吹唢呐的特长,这个小特长和钉马掌的匠人、做饭的厨子和砌砖头的大工有啥区别呢?

艾力·卡德尔何尝不想把它们都统统卖掉换成钱过日子,可他心里很明白,现在没有这个市场,那些东西谁要,你就是价格再低,对人家来说无用的东西再便宜也算贵。他咬定"秀才饿死不卖书,壮士穷途不卖剑"的心态,期待着有一天云破日出,让这些东西再次大放光彩。

这些想法没有错,可他们打着宗教的旗号,干尽了各种丧尽天良的坏事,堵死了许多老百姓的生存之路。艾力·卡德尔根本就不知道还有没有让他的唢呐继续出现在婚庆上的那个美好时光。

但眼下的日子到底该怎么过?乡政府隔三差五地让他去参加公益演出,除了管吃饭,给的补贴很少。

他问和他一块参加演出的人:"咱们这样演出公家也不给钱,家里人的生活怎么办?"

人家都反问他:"我们都有低保,参加公益演出是应尽的义务,难道你没有办低保?"

艾力·卡德尔说:"以前我靠吹唢呐收入就很好,所以就一直没有申请低保,现在日子过不下去了,不知还能不能申请上低保。"

他们纷纷给艾力·卡德尔出主意,说你就找一找乡党委书记或乡长,反映一下自己的实际情况,说不定可以办上。

他壮着胆子去找乡里的书记和乡长,两个父母官都对他至今没有办低保表示深深的同情,都说应该解决,但几年过去了,可就是一直没有得到解决,他不知道现在政府办事情为什么这样拖拉。

有人告诉艾力·卡德尔,你要是和老伴每人都能办一个低保,每个人每个月就可以有150元稳定的低保收入,两个人加起来就是300元,虽说不能解决生活的全部问题,但完全可以缓解目前的生活境况。

可他的申请递上去迟迟批不下来,这可怎么办?

就在艾力·卡德尔走投无路的时候,他的脑海记忆中一个人渐渐清晰起来。对,是他,他叫卡斯木,以前是12队长大的孩子,艾力·卡德尔从小就认识他,艾力·卡德尔在乡文工团的时候,卡斯木在乡广播站工作,艾力·卡德出去演出的时候,卡斯木经常为宣传队提供现场扩音设备,人很好,也很热情,对人很厚道,后来由于工作出色,被新疆人民广播电台招收录用,考虑到他对和田熟悉,就让他当了常驻和田记者站的记者,经常报道有关和田的新闻,有一次就因为写了反映和田问题的一篇内参,还立了功,被评为新疆维吾尔自治区劳模,还派他去台湾观光,在和田影响很大。为什么不能找他反映一下我的实际情况呢?

维吾尔谚语说:"与其说没有法子,不如说没有脑子。"这样的事对卡斯木来说,简直就是小事一桩,小菜一碟。有他出面,事情肯定会办得顺当得多。不管怎么说,卡斯木是媒体的记者,谁还会傻到和省级媒体的记者较真过不去呢?虽然是农民,艾力·卡德尔也明白,现今的社会,大凡和媒体记者过不去的人,其结果都是和自己过不去。

说归说,但艾力·卡德尔还是有点顾虑,卡斯木会不会为我的事情出面找领导呢?何况朋友那是几十年以前的事了,人家现在是大台记者,我只是一个农民,不知道他现在还认不认我这个农民朋友。他怀着忐忑不安的心情找到卡斯木。

令他没有想到的是卡斯木还是以前的那个热情厚道的卡斯木,他一听立即就打电话向有关部门咨询有关政策,对方说符合政策可以办。卡斯木然后催问为什么一直没有办的理由,更令艾力·卡德尔没有想到的是,自从卡斯木介入以后,他和老伴的低保很快就办下来了。

第二十一节　买买提明为什么悄悄落泪

刚刚因为能够和艾力·卡德尔出去打手鼓生活有了起色的买买提明,就因为婚礼上没有了唢呐声不再让他打手鼓而断绝了生活的唯一经济来源。经常吃了上顿没下顿,哑巴媳妇每天愁眉苦脸,吱吱啊啊的问他怎么办?

再次陷入生活贫困泥潭的买买提明又成了人们嘲笑的对象,特别是那些有宗教极端思想的人不无讽刺地对买买提明说:"你手鼓不是打得起劲得很吗?你不是很有能耐吗?你不是经常吃香喝辣捞外快吗?现在手鼓怎么不打了,去找你那个艾力·卡德尔师傅一块吹呀、打呀?"买买提明真的无言以对。

人家都有地种,不管如何总有粮食吃有菜吃,基本生活是有保障的,可买买提明一无所有,他想跟别人一块出去打工,人家都嫌他年龄大,个头小,没力气,干不了活,都不愿意带他。买买提明看到街上有人开饭馆或开小商店也能赚钱。但他问哑巴媳妇能不能干时,哑巴媳妇连连摇头,吱吱啊啊地手比划着说:"不行,她是哑巴,不能和人正常交流,根本无法做生意,何况现在正常人还赚不了钱呢!"

那有啥办法才能解决当前的生计呢?他想来想去毫无办法,要想生活下去,还得去找艾力·卡德尔想办法,艾力·卡德尔在他心目中已经不是一个人,而是一个"神"。

他自己没有手机,也没有自行车和摩托车,他只好徒步走到艾力·卡德尔家去找师傅。

艾力·卡德尔的老伴吐逊尼牙孜罕·乌守尔一看买买提明进来,赶忙搬凳子叫买买提明坐。

买买提明没有坐,就像一根木头那样怯生生地立在那儿。他两个眼皮不停地跳着,两只手不停地搓揉着,弱弱地问师娘吐逊尼牙孜罕·乌守尔:"师傅呢?"

吐逊尼牙孜罕·乌守尔叹了一口气说:"一早就挑着磨剪子菜刀的家什出去了,现在还不知道找上活没有。"

买买提明问师娘,师傅每天磨剪子菜刀收入怎么样?师娘告诉他,最好的时候一天也能挣三四百元,那是古尔邦节前,好多人家都要磨快刀子宰羊,就那么两三天好光景,宰牲节一过生意就淡得很,平时一天也就挣几十块钱,勉强维持生活,好在家里还有土地,吃粮食吃菜不花钱。自己养了几只鸡,也不用到巴扎买鸡蛋,羊圈里还有几只羊,过古尔邦节的时候也能宰一只。好在他的几个孩子都在建筑队当架子工,多少也能给家里贴补一些,农村的生活,也就这样勉强能过去。

吐逊尼牙孜罕·乌守尔明明知道买买提明日子肯定不好过,还是很客气地问:"你们现在过得好吗?"

买买提明快言快语,毫不掩饰地说:"不好,真的一点也不好,你说连你们都过得不好,我们哪有好日子过。我家没有地种,靠低保两个人生活很艰难,特别是前一个阶段我的哑巴媳妇生病住院,花了不少钱,困难的很,我今天来找师傅,就是想问问师傅,我们什么时候还能出去打手鼓,要是这样继续待下去,这日子真的没法过了。"

吐逊尼牙孜罕·乌守尔显得很生气地说:"谁说不是呢?都是那些挨刀子的家伙害得我们无法正常生活。"

说归说,但同情和怜悯远远帮助不了买买提明走出生活困境,他说着就要告别师娘起身去找师傅。

他问吐逊尼牙孜罕·乌守尔:"师傅会到哪里去呢?"

吐逊尼牙孜罕·乌守尔说:"那说不准,每天都是早早出去,很晚才筋疲力尽地回来,他不像你们参加人家的婚礼,有个定数,干这个活就像瞎子摸象,完全是靠碰运气,碰上一次可以扎堆磨好几把,碰不上就一直吃喝着到处转悠。你出去还真的不好找。"

"师傅是开摩托车去的还是走路去的?"买买提明继续问师娘吐逊尼牙孜罕·乌守尔,

买买提明想,师傅要是开摩托车出去一定走得很远,那他就不好找了,而走路呢,肯定不会走远,追也能追得上。

一听买买提明提起艾力·卡德尔的摩托车,她就气不打一处来。吐逊尼牙孜罕·乌守尔生气地对买买提明说:"不要再提你师傅开摩托车的事了。"

买买提明吃惊地问:"师傅开摩托车怎么啦?"

吐逊尼牙孜罕·乌守尔显得十分生气地说:"摩托车不知被哪一个挨刀子的家伙偷走了,害得你师傅一大把年纪每天出去还得走路。你不要去找他了,他到处走,你哪里能找到他?"

买买提明说:"就是再不好找,我也得去找。"他一边悄悄流泪,一边向过路的行人打听。他也知道,找到师傅也未必就能马上跟他去吹唢呐,但只要跟上他哪怕干点什么,生活都有希望,艾力·卡德尔是那种自己有一个馕就会掰一半给别人的人,这样的师傅在当前农村各顾各的情况下的确是很难找的。再说师傅的摩托车被人偷了,自己也得安慰安慰师傅,他每次跟师傅出去,都是艾力·卡德尔用这辆摩托车接送他,一听师傅的摩托车被人偷了,他胸中怒火万丈,没有摩托车,万一唢呐又可以吹了师傅怎么办,自己怎么办?一种前所未有的、苦楚的、伤心的、失落的泪水,顺着他那消瘦的脸颊不停地滚落下来,他一边走,一边不停地抹着眼泪。

他在尘土飞扬的马路上寻找,在人来人往的巴扎上寻找,终于在一个钉马掌的老把式那里,找到了正在暗自伤神的师傅。

"师傅。"买买提明朝艾力·卡德尔大喊一声。

艾力·卡德尔并没有转过头来看他,因为在这里没有他的地位和话语权,这里是钉马掌师傅的地盘,谁的地盘谁做主,这是潜规则,他根本就不会想到在这个地方会有人喊他师傅。他现在已经没有做师傅的资格了,过去灿烂辉煌的师傅光环在他头上已经黯然失色。

"师傅,我是买买提明。"听到买买提明亲切的呼唤,艾力·卡德尔这才醒悟过来。啊!原来这亲切呼唤是冲他来的。

他转过头一看是买买提明,便惊讶地问:"买买提明,你来干什么?"

买买提明说:"师傅,我来看你。"艾力·卡德尔站起来四只手紧紧地握在一起。

看着师傅木然的表情,无光的眼神,听了师傅想学钉马掌被拒的遭遇,买买提明就是有再大的苦,也只能往肚子里咽。

艾力·卡德尔虽然没有问买买提明现在的境况,但他心里清楚得很,连他自己都落难到如此地步,没有路子可走,没有孩子帮衬的买买提明还能好到哪里去呢?

艾力·卡德尔摇摇头,长长地叹了一口气说:"是谁在破坏我们的美好生活?"

买买提明一脸茫然,他弄不清楚社会为啥会变成这样,他和哑巴媳妇可咋办呢?

第五章　艾力·卡德尔的唢呐又吹起来了

第二十二节　艾力·卡德尔的唢呐又吹起来了

维吾尔谚语说："走路不怕上高山，乘船不怕过险滩。"艾力·卡德尔坚信树高鸟来栖的深刻道理，也知道地硬留不住水的内涵，走过寒冬的人才能体会到太阳的温暖。

2014年的4月份，和田早已春回大地，除了巍峨的昆仑山上还残留着终年不融的皑皑白雪以外，昆仑山脚下到处绿意盎然。

在熙熙攘攘的和田街头，那些曾经被当地人形容为另类人的大胡子青年和穿蒙面罩袍的女人也消失得杳无踪影,团结和谐的阵阵春风又荡漾在和田大地,吹拂在人们心头。

生活就像一面镜子,你朝它皱眉,它也朝你皱眉,你朝他微笑,他也朝你微笑。微笑的生活向所有热爱和钟情它的人敞开了大门,操着浙江话、广东话、福建话、四川话、北京话的投资商又三三两两地出现在和田街头,今天招商项目签约,明天引资工程开工的一篇篇报道,给广播电视报纸新闻又不断在加重信息量。

最开心的还是艾力·卡德尔大叔,他预感一场前所未有的唢呐手鼓邀请大势很快就会重现,让他应接不暇,他的新生活就要来到了。

果不出他所料。4月下旬的一天,维吾尔族老人玉山·艾买提急匆匆的来到艾力·卡德尔家,当时艾力·卡德尔出去磨剪子菜刀还没有回来。他径直走进艾力·卡德尔家的院子大声问:"艾力·卡德尔兄弟在吗?"

一听有人喊艾力·卡德尔,这时艾力·卡德尔的老伴吐逊尼牙孜·乌守尔问玉山·艾买提:"你找艾力·卡德尔有什么事吗?"

玉山·艾买提说:"是这样,我的小儿子五一结婚,想请艾力·卡德尔去吹唢呐、打手鼓助助兴。这是最小的一个儿子,我想一定要搞得热热闹闹。"

吐逊尼牙孜·乌守尔问:"现在你叫艾力·卡德尔去吹不会有什么麻烦吧?"

玉山·艾买提说:"你看看,你说什么呢?你成天不出门,那些坏人有的被判刑了,有的认识到自己的错误痛改前非,不再跟着坏人跑了。我前面的两个儿子结婚就是被他们干扰,吹也不让吹,跳又不让跳,唱又不让唱,搞得冷冷清清,大家都怨声载道,两个儿子都不满意,我也感到很没面子,这是最小的一个,赶上了好时候,我一定要热热闹闹的搞一下,让乡亲们也都高兴高兴。"

吐逊尼牙孜罕·乌守尔和玉山·艾买提正说着,艾力·卡德尔就回来了。

玉山·艾买提问艾力·卡德尔:"现在婚礼上又可以吹唢呐打手鼓了,你咋还在磨剪子菜刀?"

艾力·卡德尔对玉山艾买提说:"现在风气好多了,我也听说现在婚礼上可以欢庆了,但还没有人来邀请我,再说以前我找上门想给人家吹唢呐,曾经吃过闭门羹,不是还心有余悸吗,你说我也不能每天闲着是吧?"

玉山·艾买提说:"那就好,五一节就从我儿子的婚礼吹起,很快又会让你应接不暇的,现在这个又时兴了。你不是还有徒弟吗,也一块喊上,唢呐手鼓一起上,搞得热热闹闹,给你驱散一下愁云,给我也增加一些快乐。"

艾力·卡德尔说:"老弟你放心,我这就通知我的徒弟买买提明,我吹唢呐,他打手鼓,保证给你搞得热热闹闹。"

玉山·艾买提离开艾力·卡德尔家以后,艾力·卡德尔赶忙找来大儿子买买提明·艾力,让他马上去通知徒弟买买提明。他知道这个好消息还不知道高兴得晚上能不能睡着觉呢,这几年可把买买提明憋坏了。

艾力·卡德尔的大儿子买买提明·艾力骑自行车通知完买买提明以后他想,爸爸吹唢呐的好时机又来了,根据当前的形势判断,这个时间不会短,说不定就会一直要吹下去了,可原来那辆摩托车被人偷走了。爸爸磨剪子菜刀一直是走街串巷,路程短,有没有摩托车无所谓,可现在出去参加人家的婚礼有的地方很远,而且还要带上徒弟买买提明以及手鼓、唢呐和扬琴,没有交通工具肯定不行。你要是赶着驴车或步行去,人家就会瞧不起。他赶紧从城里给爸爸买了

第五章 艾力·卡德尔的唢呐又吹起来了 | 093

一辆崭新的电动摩托车,根据演出需要,还改装了一个全封闭的铁皮拖斗,既美观大方又经济实用。

在玉山·艾买提儿子的婚礼上,他和买买提明已经被压抑好几年的沉闷心情得到全部释放,所以他们两个吹打得也格外卖劲,除了吃饭,就一直使劲吹。玉山·艾买提一家,包括他的亲戚朋友,特别是儿媳妇一家的亲友都感到很有面子,也都非常高兴。

维吾尔族人是一个历来把面子看得比里子更重要的民族,家里来客人就是自己不吃,也要让客人吃饱吃好。参加朋友聚会,皮鞋一定要擦得干干净净。衣服一定要穿得整整齐齐,给外人一个清清爽爽的感觉。

久违了的热闹场面出现在玉山·艾买提家,可以说是赚足了风光。当然这次还有一个人收获也最大,他就是唢呐艺人艾力·卡德尔。

按照以往的吹法,他要吹一会儿,停下来休息一会儿,或不请自到地去忙里偷闲,蹭饭、喝水、吃干果。这一次不一样,玉山·艾买提自己先来喊艾力·卡德尔去吃一点红枣、杏仁、葡萄干等干果,或喝一点茶水再吹,艾力·卡德尔只是笑笑,接着继续吹。后来玉山·艾买提过意不去,又让儿子来叫艾力·卡德尔休息一会,先吃完饭再吹,可他说现在是人最多的时候,要吹得更加热闹,让你们的客人都十分满意才行。

艾力·卡德尔心里最明白,唢呐和手鼓又重新出现在维吾尔族百姓的婚礼上,参加婚礼的这些人就会把这个消息很快传向四面八方,他的生意又会重新兴隆,来他家找他吹唢呐打手鼓的人又会络绎不绝,他又会像以前一样吃香喝辣财源滚滚。他再也不用风里来雨里去,有气无力地吆喝磨剪子菜刀了,所以这次一定要闪亮登场。

他把自己的定位搞得十分清楚,人家是以情感为纽带的亲戚朋友来参加婚礼的,自己只是作为民间艺人以经济为纽带吹唢呐打手鼓助兴的。客人只有吃好、喝好主人才满意,自己只有唢呐吹得好,手鼓打得好主人才满意。只有主人满意了,客人才会高兴离去,他才能满载而归。

这一次的最大赢家既不是艾力·卡德尔,也不是玉山·艾买提,而是他们两个。他们都达到了完全双赢的结果。玉山·艾买提既挣足了里子,又挣足了面子。艾力·卡德尔不但挣了一笔演出费,还一如既往地打包拿走了老伴已经非常熟悉和渴望的香喷喷的手抓饭,还扩大了自己的影响,当场就谈妥预约了好几家婚庆演出。他期待的就是这种效果,他有一种重被社会尊重的敦实的感觉。

第二十三节　发放名片竞争市场

维吾尔谚语:"虎不怕山高鱼不怕水深,智者眼中出乾坤,愚者眼中是末日。"

去极端化给和田大地带来万紫千红的明媚春光,婚礼上越来越多的人追求欢乐,和田市20多家宴会厅经常出现排队预约的盛况,和田一共有管乐、弦乐、击打和演唱的民间艺人2000多人,被极端宗教势力逼迫得蛰伏了好几年后,现在又都兴高采烈地走出家门成了大忙人,深受群众喜爱。吹得好的唢呐艺人和田一共有10人,洛浦3人,墨玉3人,和田4人。一般情况下,和田人不会请洛浦和墨玉的人来吹唢呐,感到那样会丢面子,但要是和田的人被邀请到墨玉、洛浦、策勒、民丰、皮山等县去吹唢呐,那就像央视的尼格买提来到新疆主持一个活动或王宏伟来参加新疆的演唱活动一样,人们会高看一眼,特别是像艾力·卡德尔这样曾经有过公社宣传队负责人身份的人,那就更被人高看一眼,但社会的竞争十分激烈,不进则退就是一个谁也难以阻挡的残酷法则。

如何能让更多的人了解自己,以比别人更高的价格取胜,创得市场的先机呢?艾力·卡德尔开始动脑筋仔细琢磨,他想到了做广告。但他不愿意掏钱去媒体做广告,他花不起也不愿意花那个钱,他用农民的办法,印制了写着自己名字、服务项目、联系电话的一些宣传页东奔西跑地送到和田20多家宴会厅。他想,这是人们聚会的地方,最容易引起人们的关注,这种土办法在相对偏僻的宴会厅的确起过一些作用,但这属于小广告,人们叫它城市牛皮癣,在禁止之列,你今天贴上,明天就会被城管派人撕掉或刮掉,不能持久保存。因此信息扩散,广告宣传作用十分有限。小广告还有一个效应短板,就是大部分人只是看看热闹而已,并没有几个人把它记下来。特别是那一串长长的电话号码,有谁能记得住呢?除非你马上就要用它,否则,一般人都不关注它。

他突然想到,城里人不是都时兴印发名片吗?名片这玩意儿既好保存又好携带,还不容易忘掉,自己为什么不能印制一部分名片,在婚庆场合广为散发呢?有人听了笑笑说:"艾力·卡德尔大叔,行了,你看咱们农民哪有印制名片的?还是守株待兔吧,有人来叫你就去,没有人来叫你就好好在家待着,出头的椽子先烂,不要事事都当出头鸟。"

艾力·卡德尔说:"有路标的人永远不会迷路。"

他是一个想到就要做到的人,他认为印制名片不光是一种时尚,而是一种需求一个桥梁,一种人与人之间的联络方式。他认准的就必须做到,对时尚有用的东西,绝对不能和他擦肩而过。

2014年11月的一天,在和田兰花宴会厅参加婚庆吹唢呐时,他无意碰到一个穿着时尚的小伙子,他对艾力·卡德尔说:"大叔,你的唢呐吹得太好了。"艾力·卡德尔根本就没有想到这是狡猾的狐狸对漂亮的乌鸦使用的麻醉药,他一听小青年对自己的夸奖,心里美滋滋的。他说:"你过奖了,其实我吹的还一般般。"

小伙子故意卖关子说:"真的,大叔,我参加朋友的婚庆活动多了,你是我参加婚庆活动见到的最美的吹唢呐老人。你为啥不印制一些名片,到处发放,让更多的人都找你吹唢呐参加喜庆活动,让更多的人能够听到你的唢呐声呢?"

艾力·卡德尔根本就不知道这个小青年就是专门印制名片的,他笑嘻嘻地问小伙子,到哪里能印制名片,我还从来就没有印制过那玩意儿,派发真的管用吗?

小伙子不紧不慢地说:"咱爷们有缘,这回真的让你找到了,我就是负责印制名片的。"

"你就是?"艾力·卡德尔对印制名片的信息一点都不知道,显得很吃惊。他生怕碰上骗子,就小心翼翼地问:"印制100张名片要多少钱?"

小伙子说:"只要25块钱,和田都是这个价,你可以到处打听一下,不虚高,都是实价。"

艾力·卡德尔又问:"如果我一次印制500张呢?是不是可以优惠?"

小伙子说:"那就100元搞定,等于100张20块钱。"

艾力·卡德尔问:"这个价格你是不是还要向你们的老板请示才算数?"

小伙子嗨嗨一笑说:"不瞒你说,我就是老板。"

艾力·卡德尔一听很吃惊地问:"你今年多大了?"

"今年25岁。"小伙子肯定地回答说。

艾力·卡德尔看着眼前这个打扮入时的小后生,流露出从未有过的羡慕眼光。心想着改革的社会属于青年一代。只要走正道,好好干,他们个个都大有作为。

艾力·卡德尔把自己要做广告的唢呐、手鼓、扬琴以及家庭地址、联系电话都写在一张纸上,然后问小伙子:"你什么时候能够印制好,我啥时候到哪里去找你拿名片?"

小伙子顺手掏出一张精美的名片说:"我在和田红星市场,我的详细情况都在上边,那是和田最大的市场,明天我在那里等你。"

艾力·卡德尔问:"不用交订金或押金吗?"小伙子乐呵呵地说:"一般人是要交的,我们怕印制名片后不来取,这样的事虽然不是常发生,但也发生过。可你就不一样,经常走南闯北吹唢呐,能跑到哪里去?再说我看你的生意的确需要名片做宣传,所以我信得过你,明天咱就一手交钱一手交货。"

临走时,艾力·卡德尔又过去叫住小伙子叮嘱道:"名片要做得鲜亮一点,上面要印制一个手鼓和两个唢呐的图片,让人一目了然,电话号码一定要大一点,让老年人不戴花镜就可以看到。最好是过塑,这样不容易折,不容易湿,易于保存,还可防潮。"

小伙子说:"这都完全可以办到,就按你的要求,明天上午就做好,包你满意,不满意可以不付钱,我们现在都对产品实行'三包'。"

艾力·卡德尔问:"啥叫三包?"

小伙子说:"就是为了确保产品让用户满意,我们对发出去的产品一律实行包退、包换、包赔,大叔,你放心,当你对自己诚实的时候,世界上没有人能够欺骗得了你。"

"好!现在干什么都要对用户负责,对良心负责,只有用户满意了,你才有市场,你才有钱赚,你才有活路。"艾力·卡德尔高兴得乐了。

艾力·卡德尔深深懂得:一定要择善人而交,择善书而读,择善言而听,择善行而从。他通过和这个小伙子的交流,对自己的国家、对这个社会、对未来的生活有信心了。

第二十四节　扩音设备使婚礼更加热闹

印名片的决策是对的,可不要低估小小名片的作用。自从艾力·卡德尔印制名片在婚礼现场广为散发以来,效果的确要比以前好得多。

以前人家问他的联系方式,他都会非常详细地告诉人家他的家庭地址、联系方式,有时怕人家记不住,反反复复,絮絮叨叨,到他家走什么路,从哪里拐弯,门口有什么明显标记。可是人家记住没有他并不知道,也不好意思问人家。

现在只要人家问他的联系方式,他都会很有范儿的掏出名片递过去说:"这是我的名片,有事联系我。"特别有时一个人要名片,可当他给要名片的人派送名片时,许多人也都跟着伸手要一张,说今后好联系。每逢这时候,艾力·卡德尔都感到非常有面子。

都是农民,但那些老实巴交种地的维吾尔族农民对有名片的民间艺人艾力·卡德尔还是的的确确的高看一眼,因为他们还从来就没有见过农民也开始发放名片,以前就是见过发放名片的不是当官的就是大老板,这回的确让那些老实巴交的维吾尔族农民长了见识开了眼界,对瞬息万变的新生活有了新的认识。

没有过几天,婚庆演出的电话就打过来了,有的是他发过名片的人,还有的是艾力·卡德尔虽然没有给他发过名片,别人从他发出去的名片持有人那里获得信息后主动和他联系的。

让他麻烦的是有时候碰到一天就有两三家邀请他去吹唢呐。但他分身无术，又不好推迟得罪人，只有联系别的朋友去帮助救场。如果他委托的朋友也已经有约，也去不了时，他就和人家说好，让他的徒弟一个人去，如果人家不同意他的徒弟一人助兴，他就如实告诉人家，让他们自己去想办法。总之，既不能耽误人家的婚庆，也不能砸自己的场子。

艾力·卡德尔随着年龄越来越大，使劲吹唢呐有时因为体力不支有点力不从心，在婚礼现场你要是不使劲吹，停停顿顿，达不到人家要求的持续热闹气氛，人家就不乐意。可你要是不停地吹，有时候你就吹得上气不接下气。连续吹唢呐比较吃力，有时吹得满脸通红，搞乐器的人都晓得，吹唢呐它不像打手鼓，管乐和打击乐是完全不同的两种乐器，打击乐很少有打得上气不接下气的感觉，最多也就是打得手腕和胳膊酸痛一点，其他无大碍。

但对艾力·卡德尔来说，美好的新生活刚刚向他展示出无穷的魅力，他既不能不吹，又不能常吹，毕竟年龄不饶人，这可怎么办，有没有两全其美的办法呢？

维吾尔谚语说："我改变不了生活，但可以改变生活的方式。"是啊！为什么不可以搞一个音箱在现场扩音呢？他发现公家搞大型演出活动的时候，开始由他们吹唢呐、打手鼓，后面都是由音箱在现场扩音的，而且效果要比实际吹唢呐和打手鼓要好得多。

可是怎么操作呢？他又到和田观摩人家一个大的促销活动，原来人家就用一根连接线，把发音设备连接在音箱上，在音箱的另一处插一个内容丰富的U盘，就随时都可以发出你需要的各种声音，这太奇妙了，不是自己还有一个小音箱吗，他买了一根连接线，回家一边连接在音箱上，一边连接在扬琴上，果然效果奇好。

后来他每次出去先和徒弟买买提明吹吹打打一阵子，把热烈气氛先营造起来,专项术语管这叫暖场,然后就放音箱事先准备好的唢呐和手鼓的音乐,而他们也就可以和客人一道美哉美哉的一边休息一边吃干果用美餐,吃饱喝足了再过去停掉音箱,继续吹吹打打一阵子。这样他们很轻松,客户也满意,你只要不到现场去实地观察,谁都不知道你是在现场吹唢呐、打手鼓还是播放音响。

艾力·卡德尔说:"现在我最高兴的是,我在任何地方吹唢呐打手鼓时,不再担心有人过来无端地指责干扰了,那些可恶的家伙就像携带满身病菌的绿头苍蝇恶心得很。现在婚庆热闹了,老百姓高兴了,也让我们的心情更加舒畅,现在每月都可以参加20场左右婚庆活动,不光收入好,我们的精气神好得很,我比前几年明显感到年轻了许多。不信你可以问我老婆子,我以前磨剪子菜刀挣不上钱,带回家的全是唉声叹气,现在一切围绕市场转,每次回家都给老婆子一大把钞票,还有一袋子香喷喷的手抓饭,带回家的都是欢声笑语。"

第六章　艾力·卡德尔的美丽梦想

第二十五节　预约电话多次打断采访

采访艾力·卡德尔要比一般人费很多时间，第一是我问的话要通过翻译翻给他，艾力·卡德尔的话又要通过翻译翻给我。由于中间信息衰减，有些复杂的问题不得不问几遍才弄清楚，而且采访过程还常常被各种外来因素干扰时常中断，这就是太鲜明的新疆特色。

为了减少采访受到干扰，2015年11月20日，我把艾力·卡德尔干脆接到我住的和田地区宾馆采访，因为在他家去采访过几次，不是被这样的就是那样的各种事情不断干扰中断，根本就无法进行正常的采访。

上午采访还算进行得顺利,但下午就有了各种各样的状况。正在采访的时候,艾力·卡德尔的手机突然响起了欢乐的唢呐声和手鼓声,这是他特意为自己的手机设置的具有极强个性化的唢呐手机铃声。他赶忙从黑布棉衣口袋里掏出老款黑色苹果手机接听,并不时和来电话的人争来争去,我问临时请来当翻译的和田电台记者阿依祖帕,艾力·卡德尔刚才接的是谁的电话?他们在争论什么呢?

阿依祖帕说:"一个陌生人给艾力·卡德尔打来的电话,说他儿子要结婚,约艾力·卡德尔明天上午11点到伊利其根宴会厅去吹唢呐、打手鼓助兴。艾力·卡德尔答应了。"

"刚才好像他们为什么事在激烈的争论,他们争论什么?"我问阿依祖帕。

阿依祖帕说:"他们在商量价钱。"

后来那人按照艾力·卡德尔给他提供的地点,赶快来到和田地区宾馆给艾力·卡德尔交了150块钱的押金。

等那个交押金的陌生人走后,艾力·卡德尔给我讲了他曾经上当受骗的几次经历。

他说,有一次,一个他不认识的维吾尔族人给他打电话,让他第二天去参加朋友的婚礼吹唢呐、打手鼓助兴,谈好的给500块钱。第二天他用摩托车拉着徒弟买买提明高高兴兴地去了,可到那个人约定的地方一看,那里冷冷清清的,根本就没有什么婚宴。

是不是自己找错了地方呢?这就奇怪了。艾力·卡德尔赶忙打这个人留下的电话,可是根本就打不通,他着急的再拨,手机里传来这个手机是空号的提示。艾力·卡德尔说:"我当时很生气,是不是有人看到我挣钱眼红故意搞的恶作剧,我根本就没有想到现在会碰到这样的孬人和这样的臭事。"

艾力·卡德尔说:"从那以后,不管是谁请我去吹唢呐、打手鼓,我都让他先交押金,先小人,后君子,这是一个市场游戏法则。但讨厌的是有时候交了押金也不一定很保险。"

我纳闷地问:"还有交了押金毁约的事吗?"

艾力·卡德尔说:"有,咋没有呢?有一次,有个满脸横肉的人请我去婚庆上吹唢呐,说好600块钱,而且当场交了100块钱押金。我想着这回肯定不会有什么事。押金都交了,还有什么问题呢?可偏偏问题就出来了,等我如约赶到婚礼现场时,发现已经有人在吹唢呐、打手鼓。"

艾力·卡德尔赶忙找到那个联系他的人问:"你联系的是让我们来吹唢呐打手鼓,现在你又找别人来吹唢呐、打手鼓,这到底是怎么回事?我们现在吹还是不吹?"

那人皮笑肉不笑地说:"办事总要讲先来后到,人家比你们来得早,自然就让人家吹唢呐、打手鼓。"

艾力·卡德尔有点生气地说:"我们也是按照你约好的时间来的,并没有来晚啊。你现在又安排别人来吹,那你耽误我们一天时间你说怎么办?"

那人有点蛮不讲理地说:"你们走吧,别在这里啰嗦了,用谁不用谁那是我的事。"

艾力·卡德尔十分无奈地刚要离开,那人突然挡住艾力·卡德尔的去路说:"既然没有吹唢呐打手鼓,你不能这样就走了,你必须把我给你的100块押金退给我。"

艾力·卡德尔这回有点生气地大声说:"你让大家都来评评理,是你找到我,约我来吹唢呐、打手鼓的,不是我找到你非要给你吹,为了来给你吹唢呐,我把另一桩生意都退了,你知道不?结果我按你要求的时间来了,你却让另外的人来吹了,你不赔我一天的损失,还要我退你的100块押金,你说你这个人还讲不讲理?天底下哪有你这样做事的？你要小心，人在做，天在看，别把喜事闹砸了。"

那个人自知理亏，也怕把事情弄大对自己不利，只好冲着艾力·卡德尔说："我明确地告诉你：我之所以不用你，就是人家的费用比你便宜100块钱，人家只要500块钱，我为什么不要用钱少的而要用你要钱多的呢？"

艾力·卡德尔对他说："我当时就告诉你，我们的收费标准是600块钱，你没有提出任何异议呀，何况我们对谁都是这个价啊！而且你当时交了押金的，这说明当时你并没有提出嫌我们价格高的问题啊！现在你算盘打得太精了，既想用便宜的人来吹唢呐，还想再退回给我的押金，你想那可能吗？甘蔗没有两头甜，这个押金我一分钱都不会退，这就叫违约金，是你不讲信用，违约在先，你想讨个便宜，结果你的算盘打错了。我这100块钱押金坚决不退，等于你没有得到一分钱的便宜，还落了一个不讲信誉的坏名声。"

这时不少人都悄悄扎堆围过来看热闹，有人开始挤眉弄眼，悄悄议论。

那个人一看自己既输了理又输了钱，再说没有退违约金的先例。他怕这事真的一闹大，被村里村外的人当成笑话永远蒙羞，就抬起右手用五指拨拉着说："走吧，拿着我的100块钱走得远一点。"

艾力·卡德尔说："瓜子里面嗑出臭虫，我见的怪仁（人）多了，让我永远再不要见到你这种不讲信用的人。"

那人一看自己的确理亏，再也不吭气了，也不顾旁人火辣辣的眼光，低着头悻悻而去。

艾力·卡德尔说："其实除这个场子以外，我还有一场婚礼也需要吹唢呐、打手鼓欢乐助兴，说好也是一场600块钱，我已经安排自己的徒弟去暖场了，一看这里活动泡了汤，我赶紧开着摩托车快快赶到徒弟参加的那个婚礼上。"

这家主人并不知道内情,一看艾力·卡德尔十分重视他家的这场婚礼,亲自赶来了,忙问艾力·卡德尔,你不是说还有一家要去演出吗?

艾力·卡德尔说:"我认为你的婚礼场面更需要我,我就赶来了。"

那人一听非常高兴,感到艾力·卡德尔给他长足了面子,又主动加了200块钱,他使劲地吹唢呐,买买提明不停地打手鼓,师徒两人敲打得十分卖劲,婚礼现场非常热闹。

欢快的气氛将艾力·卡德尔在那不讲信用的人家遇到的不顺心的事冲荡得干干净净。

艾力·卡德尔对我正说着他碰到的这几桩伤心事,突然又有一个人打来电话,艾力·卡德尔赶忙又去接电话,然后就又开始讨价还价。

从艾力·卡德尔的神情可以看出,这笔生意好像没有谈成。我问艾力·卡德尔为什么没有谈成呢?

艾力·卡德尔说:"他可以听出来这个人不是当官的就是有钱的老板,所以他开价比较高。那个人说:开口要那样高的价格,抢钱吗?我又不会造钞票,所以没有谈成。"

正说着又有一个电话打进来,艾力·卡德尔接到这个电话后感到很无奈,脸板得平平的。

我问阿依祖帕是谁打来的,有什么事,弄得艾力·卡德尔无所适从,流露出满脸的无奈和不悦。

阿依祖帕经过和艾力·卡德尔简单交流后告诉我,刚才是乡文化站的人打来的,她让艾力·卡德尔现在就立即赶到乡中学参加一个公益活动演出。艾力·卡德尔告诉他:"我不在村里,正在地区宾馆接受新疆人民广播电台记者的重要采访。"说着就压掉了电话,继续按记者要求谈情况。

没有过多久,乡文化站的电话又打过来了,口气很强硬地对艾力·卡德尔说不行,是乡里活动重要,还是采访重要,你现在立马出门,今天非去不可。

这事弄得艾力·卡德尔十分为难,不去吧,父母官得罪不起,去了吧,这次采访已经是几天前约好的,就是因为有演出才拖到今天。按照记者的提纲,今天不抓紧到天黑还采访不完呢。再说记者已经说了要写一篇报告文学,他虽然还不知道报告文学是什么,反正是一本写他的书,对一个农民来说,这可是一件很大的事,他不愿失去这个机会。

这可怎么办?艾力·卡德尔陷入两难之中。他瞅瞅我,又瞅瞅阿依祖帕,感到既无奈又无助,满脸写满求助。

阿依祖帕不愧是从中国传媒大学走出来的高材生,她现在既当记者,又主持一档节目,经常接触形形色色的人,自然知道如何处理好这件事。只见她马上从艾力·卡德尔手里接过电话从容地对乡文化站的人说:"对不起,你说的事情非常重要,我们都知道,可新疆人民广播电台记者的飞机航班是明天早上的,再没有时间了,这次采访是地委宣传部安排的,说好的时间就今天一天,让我也放下手中的一切活帮助完成采访,你现在让艾力·卡德尔过去,采访不完怎么办?要不你给地委宣传部说说,看看他们是什么意见,你看好吗?"

你看这话说得绵里藏针,就算乡文化站的人再傻,也听出了弦外之音。

乡文化站的人一听有人出来挡道,不但讲得入情入理,而且上级的牌子很硬,只好说:"那就算了吧,我告诉我们领导再想别的办法。"

因为阿依祖帕一直用维吾尔语和乡文化站的人交涉,艾力·卡德尔自然听得很清楚,脸上很快就露出了满意的微笑。

我问艾力·卡德尔:"像这样的公益性演出有没有报酬?"

第六章 艾力·卡德尔的美丽梦想

艾力·卡德尔笑了笑说："乡、村演出从来就是抓公差，没有任何报酬，如果是去乡文体局或县文化馆演出，说好的是两小时100块钱，但都是打白条，月底才结账。"

我问："这样的活动多不多？"

他说："杂七拉八的不少。"

"没有报酬或报酬不多你愿意去吗？"我笑着问艾力·卡德尔。

艾力·卡德尔回答说："只要是去极端化的反对暴力恐怖活动和非法宗教的公益性演出，我都非常愿意去，因为这些东西害得我们很长时间都抬不起头挣不上钱。"

"政府组织的其他活动也愿意参加吗？"我顺着问。

他说："像落实党的富民政策，宣传安定团结，宣传改革开放，或者精神文明的公益活动我都喜欢去，有的就是不给钱我也愿意参加。我们不能有困难就找政府要低保，政府有事找我们时装聋作哑不参加，人要有感恩报恩的思想，一定要吃水不忘挖井人，没有党和国家的支持，没有政府的关心，凭个人的力量什么事情都办不成。"

第二十六节　收费按质论价走市场

艾力·卡德尔吹唢呐、徒弟打手鼓助兴婚礼已经有30年光景，刚开始收费价格很低，有些人为了婚礼助兴请他去，他从来就不推辞，可以说是有求必应，刚开始时面对村里的人去吹吹打打，后来渐渐地发展到大队，再到全乡、全县、全地区，随着他越来越有名气，收入也不断水涨船高。

开始他和加帕尔两个人去参加，他吹唢呐，加帕尔打手鼓，由于服务对象都是乡里乡亲，人熟君子不言钱。他们不好意思要，人家也装糊涂不给，只是一人吃饱，全家不饿，每次混个肚儿圆。

后来市场经济开始在和田蓬勃发展，人们的市场意识、经济意识、金钱意识开始由弱变强，艾力·卡德尔不再因为抹不开脸面而去白演出，按随行就市的法则，演出一场的收费是10块钱。为防止有人耍赖，约定先交2元押金。演出结束后足额付款，不打白条，拿到钱以后，四六分成，他拿6块，加帕尔拿4块。两人各得其所，都高兴的不乐亦乎，那时候看起来得到的钱少，但钱很值钱，当时最大的钱票面只有10元，没有50元和100元的。

90年代初，随着人们收入的普遍提高和物价的快速增长，艾力·卡德尔的演出费用也渐渐增长，1990年是50块，到1995年达到100块，等到2000年时已经上升到200块。

我问艾力·卡德尔："现在的价格是多少？"他没有正面回答，而是狡黠地说："随行就市，差异化收费，总之我们的收费也跟随羊肉、鸡蛋一起涨了起来。现在有500块的、600块的、800块的，最高收费也有1000块钱的。"

我禁不住笑着说："你们的价格不是很透明吗？怎么会有的500块钱，有的600块钱，还有的800块，这次又冒出一个1000块钱，这样随意涨价人家能接受吗？"

艾力·卡德尔说："我们都是根据路途远近，参加人员多少和看给谁演出来确定收费标准的。"

我问艾力·卡德尔："价格你们是如何操作的？"

艾力·卡德尔说："只要不出和田县市，路程在10公里以内，只要两个人去吹唢呐、打手鼓的，一般收费就在600元。如果经济有困难，也要照顾人家的情面和实际困难，优惠收费500块钱。"

我问艾力·卡德尔："如果有人嫌500块钱价格高，还提出更大优惠怎么办？"

艾力·卡德尔说："这样的情况经常碰到。有些人不顾我们的感受，不厌其烦的讨价还价。有一次有人请我们去吹唢呐、打手鼓演出助兴，他问我如何收费，我说演出一次收600块钱。他说太高了，只给500块。他还说有些地方只收300块钱，你们又没有成本费，还收那么多钱。"

我问遇到这种情况你们怎么办呢？

艾力·卡德尔说："我一看他连500块钱都不想付，还想往下降，我就告诉他，最低500块钱，我和一个徒弟两人去，徒弟打手鼓，我吹唢呐，如果你们非要给500块钱以下，也可以，那我就不去吹唢呐了，让徒弟一个人去给你打手鼓就行了。"

那个人连连摆手说："不成、不成，没有唢呐不热闹。"最后他有点不太情愿地说："那就说定500块钱吧。"

艾力·卡德尔就对他说："那先君子后小人，按我们的行规你把100块钱押金先交上。"那人乖乖地交了100块钱的押金。

我问艾力·卡德尔："在你接触的人当中，什么人最大方，什么人最小气？这算不算商业秘密，可以透露一下吗？"

他说："最小气的是农民，他们总是斤斤计较，千方百计压价，或找朋友说情。最大方的是官员和老板，他们打电话的口气都不一样，有时说话的语气非常傲慢，好像他比别人高人一等似的。"

艾力·卡德尔举了这样一个例子，他说有一次接到一个陌生人的电话，他在电话中朝我吼："你是吹唢呐的艾力·卡德尔吗？"

我回答说："我就是吹唢呐的艾力·卡德尔。你有事吗？"

他对我说："我儿子明天结婚，你明天上午11点带上你的徒弟到和田市金雪莲宴会厅给我吹唢呐打手鼓，必须准时到，不要延误。"

我心想，这绝对是一条大鱼，赶紧问他："你给多少钱？"

他口气很大方地说:"钱不是问题,只要吹得好,客人都满意,给多少都行。"

说完他又马上反问道:"你们怎么收费,有啥标准?"

我一听他对我们的行情并不了解,就不慌不忙地告诉他:"如果是吹唢呐、打手鼓一起上,演出一场收1000块。"我怕他问你们收费为啥那样贵?我就赶紧补充说:"不用你们的车接送,交通我们自理,1000块钱含两个人的交通费。"

那人一听就说:"不就1000块钱吗,不扯其他,这点钱没问题。"

艾力·卡德尔激动地说:"我从来没有收过这样高的费用,我真有点怕被这人给骗了,所以我告诉他还得先交200块钱的押金才行。"

他有点生气地说:"你咋这么多事?"

我就笑着对他说:"听口气你好像是一个大老板?"

那人口气一下缓和下来对艾力·卡德尔说:"让你言中了,但我不是大老板,就是做点小本生意。不过生意虽小,1000块钱还是掏得起,这你放心。"

艾力·卡德尔一听果然是老板,就对他说:"你不要客气了,我一听你就是大老板,对你说真的,我们上过当受过骗,收押金是我们被逼无奈的一个自保措施,也是向你们老板学的,请老板谅解,现在都得按市场规律办,你说呢?"

老板一听艾力·卡德尔说得有理,连声说:"是啊,是啊,先交押金没有错,现在骗子的确太多,不得不防。我们现在也都是这样办的。"

他问艾力·卡德尔在哪里,他很快就过去把押金交上。

艾力·卡德尔一听老板要过来送押金,一直悬在心头的一块石头这才落了地。他心里非常明白,这一笔买卖的成功,不光体现出了他吹唢呐的社会价值,还为今后作为敲门砖打开价高的更多通道提供了可供借鉴的依据。它具有非常强的标杆指示作用,说明他们的价格还有很大的可挖掘潜力。

艾力·卡德尔越说越得意:"还有一次好像是一个当官的打来电话,我想现在有钱人除了经商的就是当官的,他们一般自恃有身份、有地位、有面子,不好意思讨价还价,我就告诉他可以去两个人吹唢呐、打手鼓,参演一场1000元。"那个当官的说:"优惠一点吧,你还以为我是挣钱的大老板哩,就挣几个死工资还要养家糊口呢。"

艾力·卡德尔一听这个官员要么不愿露富,要么的确没有那个老板的腰杆粗、口气大,就以同情和商量的口吻问他:"你看优惠多少合适?"

那个官员没有提出具体价位,而是反问艾力·卡德尔:"你看多少钱合适呢?"

艾力·卡德尔一听感到不能再犹豫,让他提出自己就被动了,于是就先入为主地说:"好吧,看在你是一个领导的面子上,一次性优惠200块,最低800块钱,这是垫底数,再不能低了。"他赶紧把那个人的退路给结结实实的挡死了,让他没有一点回旋的余地。

那人一看艾力·卡德尔对他的降幅不小,也没有好意思再讨价还价。就对艾力·卡德尔说:"那就按你的意思办吧,不过唢呐一定要吹得好,手鼓一定要打得响,让客人们都满意才行。"

"服务质量你一百个放心。"艾力·卡德尔说,"我吹唢呐几十年,到目前还没有一家因为我吹得不好提出异议的或打差评的,要不你能来找我吗?"

那这个官员赶紧说:"是的,我就是通过别人推荐,奔着你的名气来的。"

艾力·卡德尔这下更有底气地说:"好啊,你还得先把200块钱的押金交上,这样对双方都有保障。"

官员说:"先交押金好,现在什么都得讲规矩,就按你们的规矩办,这样你放心,我心里也踏实。"

"人家都说现在社会上有一种仇富仇官的现象,你这样对老板和官员进行差别化收费是不是也是一种'双仇'现象?"我眼睛盯着艾力·卡德尔追问。

艾力·卡德尔说:"我从来就没有过仇官、仇富的心理,只是感到他们来钱的门路多,顾忌面子的心态重,花小钱的手比较大,我们挣他们的钱相对比较容易。有时候该出手时就出手,而且屡屡成功,从未失手。"

"要是遇到特别困难,又很讲面子,而且很难缠的人怎么办?"我好奇地问他。

艾力·卡德尔哈哈一笑说:"这样的例子一抓一大把,我随便举一个例子。我们吹唢呐打手鼓演出有明确的规定,对外都说一般600块钱,最低500块钱,但也有些人非缠着要降到400块,一般情况下这个口子不能开,因为请的人多。有些人说:你给我悄悄地优惠一下。甚至还有人在我家悄悄地说:在你家把门关起来给我优惠,就我们两个,天知地知,你知我知,谁也不知道,我保证出去不给任何人讲。可哪有不透风的墙,这样的消息传得很快,大家都在攀比,降来降去,我们的生意怎么做?"

"你真的碰到过这样难缠的人吗?"我问艾力·卡德尔。

艾力·卡德尔说:"有,还不止一次。有一次,有一个人非要说只给400块,多一点都不肯给。可我不愿意破了我们的价格规矩,我就对他说,那就算了,你赶快去找别人,说不定可以找到400块钱的人去给你吹,反正我们不能去。他没有说什么就气呼呼地走了,结果这个人没有找到人给他吹唢呐、打手鼓,第二天婚庆搞得冷冷清清,亲戚不高兴,他面子上挂不住,赶紧回头又来找我救场。"

他央求我说:"艾力·卡德尔大叔,赶快叫上你的徒弟一块去我家,价格就按你说的500块钱,也不用交押金了,吹唢呐、打手鼓的费用我现在就一次付掉。就算你帮忙了,只求你快一点好吗。"

这个人为什么急急忙忙又来找艾力·卡德尔去救场呢?因为他心里非常清楚,村里的干部和住村工作队的干部把婚礼上唱歌跳舞吹唢呐作为去极端化的一个强有力的推手,要求大家都搞婚庆助兴,结果人家办喜事都在吹吹打打、唱歌跳舞,就你因为那100块钱,把自家的喜事搞得冷冷清清。你在村里还怎么混,村干部会怎么看你,工作队会怎么看你,左邻右舍和亲戚朋友会怎么看你,送亲的人回去会怎么说你。特别是会给新进门的儿媳妇留下什么样的阴影,让她今后怎么做人?

这又成了艾力·卡德尔的一个坚持不减价的鲜活的例子和敲门砖头,在乡村也成了人们茶余饭后的一个有趣的笑谈。

这样的例子艾力·卡德尔越说越多,而且说得很兴奋也很激动。他说有一次村里一个名叫艾比的老乡和我妈有点拐弯亲,他请我去吹唢呐、打手鼓。说什么只肯出300元,多一分钱都不肯拿,还让我妈也出面说情。

我问艾力·卡德尔:"碰到这样的人,你是讲亲情,还是要票子?"

艾力·卡德尔说:"我当时就告诉他,看在老乡亲的面子上,给你最大优惠到400块钱,否则就吹不成了。"结果艾比气呼呼地说:"不再给优惠我就不用你们了,真是六亲不认,不就是去吹唢呐打个手鼓吗,太贵了。"说完拂袖而去。

他儿子结婚时就没有唢呐手鼓声,村干部知道后马上问他人家的孩子结婚都吹唢呐打手鼓,为什么你儿子结婚唢呐和手鼓啥都没有?结婚吗,就是要搞得热热闹闹,这样冷冷清清像个啥?维吾尔族农民对"卡瓦甫"的话一般是言听计从,"卡瓦甫"就是干部,谁敢不听呢?

经村干部和工作队的"卡瓦甫"这样一过问,艾比自知理亏,他说:"我这就马上把艾力·卡德尔请来吹唢呐。"他赶紧又去找到艾力·卡德尔,又是赔情,又是说好话,让艾力·卡德尔赶紧去给他圆圆场子,否则今天下不了台。

艾力·卡德尔问:"这次给多少钱?"

艾比说:"就按你说的,400块钱。"

艾力·卡德尔说:"不去,刚才我说400块钱你不干,弄得好多人看笑话,现在要么不去,要去就500,你看着办吧。"

船到江心要价高。艾比明知艾力·卡德尔要狠狠地敲打自己一下,因为自己有错在先,也不好再像前面那样高声大嗓,更没有底气再拂袖而去,他赶忙求情说软话,还找到艾力·卡德尔的母亲让她也再次出面说话,他一再恳请艾力·卡德尔一定给他这个面子。艾力·卡德尔看到艾比一改当初的那个张狂熊样,这时可怜兮兮的,一股同情心油然而生,他过去拍拍艾比的肩膀说:"走,我们去给你圆场凑凑热闹,帮你跳过这个坎。"

艾比小心翼翼地问:"那多少钱呢,是400块还是500块?"

艾力·卡德尔说:"你不是不愿意掏500块吗?那就给你天大的面子,就收400块吧,那少的100块钱就算我垫上的,这样一来不破坏规矩,二来也照顾了你的面子。你在那里讲还是说500块,要不今后就乱套了。"

艾比高兴得差一点跳起来,他拉着艾力·卡德尔的手说:"还是艾力·卡德尔大叔通情达理,这次你救了我,你的恩情我永远忘不了,下次我一定给你帮忙。"

艾力·卡德尔对他说:"都乡里乡亲的,这回我认了。"

艾力·卡德尔说:"从2016年开始,新年新价格,起步价都是600块,附加价格随行就市。别人的收费多少我不管,我的这个价是按质论价,收的不多。就像那些唱歌的演员一样,收费哪有一个标准。有的出场费一次就是一二十万元甚至更多,作为民间老艺人,我这点收费已经很低很低了。"

第二十七节　宁可少挣钱公益活动也要参加

这几年来和田市文体局积极配合地区文化活动,频繁组织"去极端化"文艺演出活动。

2014年11月至2015年11月,作为和田民间文化名人,艾力·卡德尔几乎参加了和田市所有的乡镇社区的演出活动。去的比较多的是他所在的土沙拉乡和伊力其乡、拉斯奎镇等。大多数公益演出的主题是去宗教极端化、维护社会稳定、促进民族团结。

刚开始的时候,艾力·卡德尔由于对政府去宗教极端化采取如此高的力度认识还不到位,不知道水有多深,政府能不能以正压邪,早日遏制宗教极端化的泛滥,当时思想上还存有种种顾虑。

2015年年初,和田地区扶贫办住18村工作组组长车玉生知道以后,认为做好艾力·卡德尔的工作,让他的唢呐重新吹起来,不但在18村,而且在土沙拉乡及和田县、和田市都有很强的示范效应,为此他专门找到艾力·卡德尔促膝谈心。

车玉生是一个土生土长的和田人,他笑呵呵地拍着艾力·卡德尔的肩膀,用地道的维吾尔语说:"你不要有任何思想顾虑,这股阴霾很快就会过去,即使有阴天或刮风下雨,也不会再让雨淋湿你的。乡里马上要组织'三八'妇女节欢庆活动,我们就是针对'三股势力'来的,这可是这么多年以来的第一次,我们大家都要跳起来唱起来,你一定要吹得唢呐响彻大地,吹得让老百姓欢天喜地,让'三股势力'胆战心惊,让他们不再敢蠢蠢欲动。"

艾力·卡德尔被车玉生说得激情四溢、豪情万丈,他对车玉生说:"车组长,你放心,组织这样支持我们、信任我们,我一定把腰杆挺得直直的,今后只要有公益活动,只要能对去极端化做贡献的活动,我们都积极大胆参加。有政府撑腰,我啥都不怕。"

有一天,艾力·卡德尔接到和田市文体局的米日阿依局长通知,说请他参加市里的公益演出,问他有没有困难。

艾力·卡德尔高兴地说:"没有困难,你随叫随到。"他感到自己有一种被尊重的自豪感,他决心豁出老命干一场。

这次排练演出的是一台"民族团结万岁"大型节目,和当时他们在公社宣传队演出的形式差不多。有维吾尔族、汉族、哈萨克族、塔塔尔族、柯尔克孜族等十多个民族欢快的民族歌舞。接着是其他各类节目,艾力·卡德尔的角色还是吹唢呐打手鼓,为整个节目造势。受众对象当然还是艾力·卡德尔非常熟悉的各乡镇村农民和社区居民。

领导事先就说得很清楚,凡由和田市文体局组织的公益性演出,和田市文体局每天给每个民间艺人50元到100元不等的补贴。一般每月安排七八场演出,星期六星期天都会安排休息,没有特殊情况周末不安排演出。而农民结婚一般都安排在双休日,这样一来,平时参加公家的公益演出,双休日接活给自己挣钱,做到双休日和平时都有活干,公益活动和赚钱两不耽误。

有时候也会遇到有些人并不安排在双休日结婚,而是根据生成八字或家里有人工作请假等原因,特意安排在周三或周五,每逢公益演出和商业演出发生冲突的时候,艾力·卡德尔都会向文体局有关领导报告情况,并去请假。

2015年5月，和田市开展民族团结月宣传教育活动，星期三和田市文体局的米日阿依局长打电话说星期四在和田市伊力其乡乡政府有个宣传演出，让我一定要参加，不过那天我已经有了商业演出的预约，上星期六就有人邀请我演奏。我就告诉米日阿依局长能不能请个假不去，因为已经答应别人到婚礼现场演奏了，并且谈好他给我们600元，我和徒弟买买提明一块过去，我们已经拿了人家100元的押金。米日阿依局长对我说："这次演出比较重要，来的人也很多，市里重要的一些领导都要过来，你不参加恐怕不合适，人家都知道你是唢呐明星。"我一听这次演出非同小可，只好把这次婚庆演出让给了古江巴格乡的另外一个吹唢呐的民间艺人朋友买提尼亚孜，然后赶忙打电话给婚礼的主人，说明不能去的理由和谁去吹唢呐，并退了人家的押金，人家一听虽然十分遗憾，但也非常理解，还说我很够意思，很讲政治，既讲艺德，又讲公德。

还有一次，那是2015年的6月份，和田市土沙拉乡有几天的公益演出。米日阿依局长又打电话通知艾力·卡德尔参加，当时他也已经有了预约，给人家答应要到和田市的一个婚礼上去演奏。他就请示米日阿依局长自己已经有演出预约了，这次能不能不参加公益演出。那次演出好像没有上次演出那么重要，也没有什么头头脑脑的大人物要来，只是例行演出。米日阿依局长就对艾力·卡德尔说："你去把婚礼演奏忙完了再过来也行，公益活动要搞，你钱也要挣，不挣钱你一家人喝西北风啊？"

既然艾力·卡德尔不是公职人员，只是一个唢呐艺人，领导对他参加公益演出的管理就不能像要求在职职工一样严格，他不需要打考勤，也不需要上班刷卡，弹性空间很大，人性化色彩很浓，也就是用他的一技之长。但对艾力·卡德尔来说，既可以扬名，又不误挣钱，甚至还是可以促进挣钱的一个非常好的途径。有商业演出去挣大钱,没有商业演出拿公益演出的补贴,还经常可以到处露脸,有非常强的存在感,真是名利双丰收,何乐而不为?

我问艾力·卡德尔:"为什么领导对你参加商业性演出不设障碍,开放绿灯,批准得那么痛快?"

艾力·卡德尔毫不隐讳地说:"我觉得商业演出批假比较快是因为目前和田在大力去极端化和发展文化事业,不管是商业演出还是公益性演出,只要唢呐到处响,到处都有欢乐气氛,都有群众的笑声,领导就满意,所以我因商业演出请假,是1+1=2的效应,所以他们批假也比较快。"

艾力·卡德尔说:"不过有的时候演出活动比较重大,必须要参加的话,我会把商业演出推开,或大多数情况下协调我的徒弟或朋友去参加婚礼演出。"

艾力·卡德尔还说:"这种公益演出和商业演出发生冲突的情况经常出现,这个时候我会看情况。要是能请上假就忙自己的,要是活动比较重要,真的走不开,就必须服从上级的安排。我也不能光考虑自己的生意,把上级任务忽略不理了。婚礼不怎么多的季节,我们还是得跟着文体局开展公益演出。文体局也每天按平均100多块钱的标准给予补贴,还管饭。日积月累,也挣不少钱。"

"但毕竟公益活动收入要少得多,假如你因为参加公益性演出而耽误了商业性演出,使你的收入受到影响怎么办?"我好奇地问他。

"这里面有辩证法,关键是如何处理好。"艾力·卡德尔说,"因为我从十几岁开始就以民间艺人的身份参加演出,就因为这么多年来的公益演出才使许多人了解我、认识我。公益性演出过程中我有了锻炼自己提升自己的机会,公益演出才造就了现在的我。我觉得我所得到的社会认可,我所听到的掌声,为什么那么多人都请我去婚礼演出,都来自于多年来的公益演出。再说这是我一生中最喜欢做的事情,所以我从来不会因为报酬较低的公益演出而抱怨,或因为一己之私而放弃公益演出。就像内地有些人为了上'春晚'不顾一切一样,上'春晚'的演员那个提过报酬,没有啊!但'春晚'给他带来的名人效应让许多人财源滚滚。"

"你老伴和孩子们对此没有什么怨言吗?"我问。

艾力·卡德尔笑了笑说:"大河没有水小河干。没有好的大环境,哪有我们这些民间艺人的生存空间?我老伴和孩子们也都非常支持我搞好公益演出,没有任何怨言,因为这不是几年或者几十年的事。我从事民间文艺事业已经50多年了,大家都理解得很,只要和田永远是艳阳天,我们民间艺人就有参加不完的婚礼演出,日子就会越过越甜。没有社会的安宁祥和,哪有我们民间艺人的生计和活路。"

第二十八节　妻子眼中的唢呐丈夫

著名作家冰心说:"世界上若没有女人,这世界至少要失去十分之五的真、十分之六的善、十分之七的美。"女人用自己的美丽装点了家庭、装点了男人、装点了生活,女人让整个世界充满生机,让整个生活更加五彩斑斓、芳香四溢。

人们都说一个成功的男人背后,都站着一个贤惠的女人。

在和田农村百姓眼里,艾力·卡德尔就是一个成功的男人,是他们人生的楷模,一般能够活到70岁的农民,大部分都已经成为枯树干叶,要么蹲在墙底下晒太阳,要么躺在床上消磨生命,可艾力·卡德尔似乎越活越年轻越干越有劲。有人说他哪里像一个70岁的人,简直就是一个踩着风火轮的老小伙子。每逢这时,他就会乐不可支地问:"你看我像多大年纪的人?"当人家说他就像50多岁的人时,他就十分高兴,非常满意。

我采访的时候问艾力·卡德尔:"为什么看到你毫无倦色,而且越来越精神?"

艾力·卡德尔是这样回答我的:"大概有这样几个原因,我从小一直搞艺术,不光是吹唢呐,吹唢呐只是我艺术生涯中的一小部分,艺术使我充满快乐,艺术使我年轻,我碰到喜事不惊不喜,碰到苦难不伤不悲,抗挫折、抗压的能力特别强。再就是我遇到了一个人生的好伴侣,她长得不算漂亮,但她柔情似水,意志坚强,一直绽放着大自然的美丽,我们共同走过了50年,除了为一件小事拌过一次嘴以外,我们再没有吵过架嚷过仗,那可是一个上得了厅堂下得了厨房的美丽女人。在家庭,在我心里,她都无比强大。"

艾力·卡德尔说的这个能干的女人名字叫吐逊尼牙孜罕·乌守尔,最早和艾力·卡德尔并不熟悉,纯属有缘千里来相会,无缘窄路不相逢的那种人生情缘。因为艾力·卡德尔是5小队的,吐逊尼牙孜罕·乌守尔是12小队的。他们两个队中间还隔着6个小队,所以相距比较远,按说当时他们根本就没有机会见面相识。

姻缘就是这样奇巧,为他们牵红线的月老名叫苏比尔汗,她们家在12小队,是艾力·卡德尔的邻居,由于她的丈夫伊斯兰玛洪调到5小队当会计,苏比尔汗也就顺理成章地被安排在5小队村委会工作。

村委会的工作职能就是为青年男女牵线搭桥,调解家庭矛盾、处理民间纠纷、促进村民和谐。

有一天,苏比尔汗找到吐逊尼牙孜罕·乌守尔的母亲艾鲁孜·尼牙孜罕说:"我们村里有一个小伙子,会吹笛子和唢呐,人很精神,人品也好,人家还是一个中学生,如果你们没有意见,我想介绍给你的女儿吐逊尼牙孜罕·乌守尔,我看他们两个有夫妻相,挺般配。"

有村干部为自己的孩子介绍对象,那对艾鲁孜·尼牙孜罕一家来说简直就是烧高香了。农村人看孩子的对象,一是要看孩子本人,再就是看谁是媒人,这点很重要。艾鲁孜·尼牙孜罕把这个情况赶紧告诉丈夫吾守尔,对这个从天而降的好消息,吾守尔自然十分高兴。

大人说这个事的时候,自然瞒不过吐逊尼牙孜罕·乌守尔,她是艾鲁孜·尼牙孜罕4个孩子中唯一的一个女儿,她一听说村干部上门提亲,小伙子还是一个会吹笛子和唢呐的民间艺人,一听就满心欢喜。再说村里和自己一样大的姑娘,有的结了婚,有的甚至已经有了孩子,自己也该找对象结婚了,这几天她的心里就像被猫抓的一样痒痒的。特别舒服,光想看看这个小伙子是不是就像他们说的那样好,尽管是农村姑娘,她也懂得把自己的一生托付给一个靠谱的人的重要性,她死看不惯那些成天喝酒打架、游手好闲的男人。

吐逊尼牙孜罕·乌守尔,在家排行老四,他上面有一个哥哥下面有两个弟弟,大哥吐尔逊托乎提已经成家,但还没有分家,还和他们在一个锅里吃饭,大弟弟艾合买提·托乎提和小弟阿不都拉·托乎提还在上学。60年代一般人家里的生活都不可能有多好,在村里属于中等偏上,家里还有12只羊,爸爸和哥哥主要编织地毯,织好以后由妈妈专门梳理清洁。吐逊尼牙孜罕·乌守尔为了让两个弟弟好好上学,只上了五年级就休学在家,帮助妈妈梳地毯或做一些家务,在农村也算是一个心灵手巧的泼辣姑娘。

那时候白面少,清油和肉更少,一般三顿都能吃饱玉米面就已经很不错了,很少能吃到香喷喷的拉条子,除非过年过节或家里来了贵客。

有一天下午她放羊回来,发现妈妈用一个木盆子在和拉条子面,她好生惊奇地问妈妈:"今天为什么突然要吃拉条子?莫非要来亲戚？"

妈妈朝她一笑非常神秘地说："今天家里要来一个贵客。"

她脸一红已经猜到了七八分，故作惊讶地又问："是什么贵客还搞得这样隆重，让他吃拉条子？"

妈妈说："村干部苏比尔汗给你介绍了一个对象，说晚上要来我们家。"

维吾尔谚语说："女婿登门如同皇帝驾临。"谁都知道，选择一个好女婿，全家人都可以鸡犬升天。选择一个坏女婿，全家人都得跟着下地狱。

吐逊尼牙孜罕·乌守尔尽管事先就隐隐约约听说过，但一听说这个冤家晚上就要来，心里既痒痒，脸上又害羞，还感到心里特别紧张，作为一个情窦初开的少女，不可能不想那些事。

他想这个小伙子来了之后，她该藏在什么地方呢？她既想见到他，又害怕见他。真是爱恨情仇，内心矛盾得很。

时间一分一秒在消失，面已经烫好了，肉也切好了，菜都准备好了，时针已经指向晚上10点钟，火红的太阳已经失去它中午灼人的威力，带着一天辛劳和疲倦落向最西边的天际，留给人间的只是一抹血红的淡淡彩霞。

这是怎么回事呢？全家人大眼瞪小眼，都眼巴巴的左等右等就是不见贵人来，一家人这时候肚子都饿得咕咕叫，都已经超越了生态钟能给予的忍耐极限。

等还是不等呢？家里的大小事，一般都是妈妈艾鲁孜·尼牙孜罕说了算。妈妈说一定要等，可能是有什么事缠住了一时脱不开，这事是苏比尔汗说的，对我们可是一件大事，她一个村干部怎么会开这种玩笑，如果真的不来了，苏比尔汗怎么也都会通知我们的。那人办事相当稳当，我信得过她。

吐逊尼牙孜罕·乌守尔对妈妈说:"队长通知晚上还要给地里运肥料,我去不了那可咋办?"

妈妈说:"等一会儿苏比尔汗来了以后让她去给你请假,她的面子比你大,现在队上正在突击运肥料,一般情况下假不好请。"

正说着,一阵急促而杂乱的脚步声由远而近朝她家走来,这一定是他们来了。艾鲁孜·尼牙孜罕用肯定的口吻刚说完,苏比尔汗就风风火火地进到院子里,她一进来就粗声大嗓地说:"吐逊·尼牙孜罕大娘,不好意思,今天来晚了,不过有好饭不怕迟吃。你们看,这就是我给你们带来的巴郎子艾力·卡德尔。"

正和面帮妈妈拉拉条子的吐逊尼牙孜罕·乌守尔一听连看都没有看艾力·卡德尔一眼,就赶忙在抹布上擦了一下手,急急忙忙地躲进自己住的房子藏了起来,直到人家都吃完饭走了才从小房子探头探脑地走出来。那个年代人们的思想观念还不解放,晚上两个恋人走在一块,多数青年男女就是给你借一个胆子,也不敢拥抱、亲吻,甚至就连拉拉小手的胆量都没有,爱情纯洁得就像一张白纸,有时吐逊尼牙孜罕·乌守尔一想到"舒服"两字,就一阵痉挛,好像打摆子一样。

在新疆边远的农村,儿女的婚姻大事历来都是父母之命,媒妁之言,父母一旦决定了的事,儿女不可抗,不能违,嫁鸡随鸡,嫁狗随狗,这似乎天经地义,所以爸爸妈妈的这一关十分重要。

艾鲁孜·尼牙孜罕的爸爸妈妈就像央视星光大道的评委,经过细致入微的观察,显然对艾力·卡德尔在心里给了一个很满意的分数,可以说是"通关"成功。

这时爸爸妈妈把吐逊尼牙孜罕·乌守尔叫到跟前说:"这个小伙子人长得不错,还有知识,又会吹唢呐和笛子。父亲去世早,家里有兄弟姐妹四个,他是老小,一个姐姐已经成家,还有一个姐姐当老师,他经常参加大队和乡里的文艺演出,人很活跃,也很光鲜,是一个靠得住的小伙子。再说他家织袷袢,我们家也织地毯,还真是门当户对,嫁给这样的人家准没有错。"

自从有了第一次,吐逊尼牙孜罕·乌守尔家就像有一块巨大的磁铁吸引着血气方刚、情窦初开的艾力·卡德尔,每个星期他都会找种种借口,吹着悠扬的笛子来到吐逊尼牙孜罕·乌守尔家。到门口以后赶紧把笛子揣进怀里藏起来,然后高高兴兴走进去。虽然每次来不再有相亲的那天晚上才有的香喷喷的拉条子,但未来的老岳母艾鲁孜·尼牙孜罕总会给他做一顿香喷喷的饭菜。哪怕是玉米面做的,也会让他吃得舒舒服服。对艾力·卡德尔来说,他已经把吃放在极其次要的位置。

因为这里有他的情感所系,这里更有他心爱的姑娘,这里是他的希望所在,火红的太阳将从这里冉冉升起。

但他感到奇怪的是,来了好几趟,怎么始终没有见到心爱的姑娘呢?

其实,每当吐逊尼牙孜罕·乌守尔听到艾力·卡德尔的笛子声后就十分紧张,她会情不自禁地赶紧把自己藏起来。可不见又十分想见,他知道艾力·卡德尔每次来都是奔她来的,可他又不敢去见,就这样在见与不见的感情纠葛中不断地折磨着自己,燃烧着自己的情愫。

5月和田艳阳天。孩子们最高兴得六一儿童节,在春暖花开的时节悄悄来到了,县里组织每户去一个大人观看孩子们演出。

吐逊尼牙孜罕·乌守尔的母亲艾鲁孜·尼牙孜罕这天病在床上不能参加,他就让女儿吐逊尼牙孜罕·乌守尔去热闹热闹。大凡小孩子的活动,对大人都有很强的吸引力,这叫小手拉大手,这次活动规模很大,参加的人很多,每个村都有一个领队,吐逊尼牙孜罕·乌守尔所在的12小队的领队自然就是苏比尔汗,她突然发现艾力·卡德尔的大姐姐肉孜·尼亚孜汗也来参加活动,苏比尔汗高兴地告诉肉孜·尼亚孜汗,艾力·卡德尔的对象吐逊尼牙孜罕·乌守尔也来了。

肉孜·尼亚孜汗满脸喜悦地说:"太好了,在哪里?快带我去看看。"

作为吐逊尼牙孜罕·乌守尔未来的大姑子,她对兄弟的亲事看得很重,选择一个什么样的弟媳妇,决定着他们这个家族是否能够家丁兴旺,母亲晚年是否幸福。

苏比尔汗拉着肉孜·尼亚孜汗,急匆匆穿过人群,来到12小队的人群中,找到了吐逊尼牙孜罕·乌守尔。

她对吐逊尼牙孜罕·乌守尔说:"我来介绍一下,这个是艾力·卡德尔的姐姐。"吐逊尼牙孜罕·乌守尔不好意思地低声说:"姐姐好。"

苏比尔汗又对肉孜·尼亚孜汗说:"这就是我给你兄弟介绍的对象吐逊尼牙孜罕·乌守尔。"

苏比尔汗对肉孜·尼亚孜汗和吐逊尼牙孜罕·乌守尔说:"你们两个聊着,我那边还有点事,我去一下,说着就走了。"

肉孜·尼亚孜汗一边端详着吐逊尼牙孜罕·乌守尔一边说:"今天你来得正好,我弟弟艾力·卡德尔也来了,今天中午咱们就找一个地方一块吃抓饭。"

吐逊尼牙孜罕·乌守尔害羞地对肉孜·尼亚孜汗姐姐说:"他要是在我哪好意思吃下去饭。"她想,他们之间从未见过面,也没有机会说过话,突然要在一块吃饭,那太难为情了。

她对肉孜·尼亚孜汗说:"姐姐,要不你们一块吃饭吧,我先走了。"说完赶快离开了会场。

吐逊尼牙孜罕·乌守尔和艾力·卡德尔不一块吃饭,不等于她就不喜欢艾力·卡德尔,也难以改变姐姐对她的好感。

肉孜·尼亚孜汗想,人怕没志,树怕没皮,姑娘有这样的自尊心绝对是好事而不是坏事,这比那些疯疯癫癫的疯丫头要好得多。

转眼到了谈婚论嫁的时候,有一天她妈妈艾鲁孜·尼牙孜罕对吐逊尼牙孜罕·乌守尔说:"我和你爸商量了,准备就在9月22日给你们办喜事。"

吐逊尼牙孜罕·乌守尔一听这样突然,赶忙反抗说:"我还小,现在还不到17岁,结什么婚,要结你去结吧。"

艾鲁孜·尼牙孜罕说:"你这傻孩子,女人迟早要嫁人,你已经不小了,你看村里像你这样大的姑娘哪个没有结婚,人家有的已经抱上娃娃了,你还等什么?"

村里有些姐妹一听说吐逊尼牙孜罕·乌守尔拖着不想结婚,都说她傻。她就小心翼翼地问:"结婚真的好吗?"有个姐妹悄悄地对她说:"刚结婚的时候痛苦得很,慢慢的一点点痛苦一点点舒服。"

吐逊尼牙孜罕·乌守尔追着她问:"那现在呢?"那个姐妹卖着关子拖长音调调皮地说:"现在舒服得很,舒服得很。"吐逊尼牙孜罕·乌守尔一听就很快被"痛苦"和"舒服"搅得翻江倒海,她期待着"痛苦"和"舒服"这对孪生姐妹早日降临在她单调的生活中。

9月22日来得很快。这天早上,喜鹊在屋头的榆树梢上跳来跳去,叽叽喳喳叫个不停。艾鲁孜·尼牙孜罕一早就把院子里里外外打扫得干干净净,还不停地从大门外渠道里端来水洒在院子里,不让尘土泛起。

上午12点,艾力·卡德尔和他的亲戚朋友拿着一块花头巾、一双长筒皮靴、一把坎土曼、一个口袋等,在艾力·卡德尔悠扬的笛子声中来迎亲,那时候都时兴举行"革命"的婚礼,不大操大办。既然是喜事,就不能干巴巴的办,艾鲁孜·尼牙孜罕还是做了一大锅红红绿绿的挂面汤饭,里面放了西红柿、土豆块、叶菜和一些碎肉。

村干部对艾鲁孜·尼牙孜罕说:"现在结婚都是新事新办,还做什么饭呢？就不要再麻烦了，他们一来把姑娘接走就行了。"

艾鲁孜·尼牙孜罕说："那怎么行，我就这么一个女儿，连汤面都不做哪能过意得去？再说接亲的人来来去去要走很远的路，也得吃点饭再走。"

结婚以后小两口马上面临着要做饭，可是因为每天干活太累，吐逊尼牙孜罕·乌守尔一直都不做饭。

艾力·卡德尔问吐逊尼牙孜罕·乌守尔："你不做饭我们吃什么？"

吐逊尼牙孜罕·乌守尔说："你吃馕和酸奶子。"

维吾尔族谚语说："烤包子再好也不能天天吃。"每天吃馕和酸奶子怎么能顶饭呢？

吃了几天，艾力·卡德尔实在熬不住了，就和吐逊尼牙孜罕·乌守尔吵了一架。吐逊尼牙孜罕·乌守尔一气之下跑回娘家不愿再回去，新娘一走，艾力·卡德尔就和姐姐一块来要她回去，吐逊尼牙孜罕·乌守尔的父母都劝她赶快跟他们回去，嫁鸡随鸡嫁狗随狗，这都是命。吐逊尼牙孜罕·乌守尔一看家里无处藏身，就躲藏在落尽枯叶的果园里，站在苹果树下任凭伤感的泪水不住地往下流淌。

这时候她才发现她的那个闺蜜告诉她"舒服得很"并不完全真实，她除了痛苦以外，一点也感受不到真正的"舒服"。这时候她爸爸拿着一根棍子在果园找到她，坚决赶她回去。还说既然结婚了，你就是人家的人了，娘家不再是你的家。

俗话说嫁出去的姑娘泼出去的水，从此娘家已经没有你的立身之地，也不再是你的避风港湾。吐逊尼牙孜罕·乌守尔这才突然发现父母的家已经不再是自己的家了。现在必须回去，跟这个会吹笛子唢呐的男人生儿育女，那个家才是自己一生的真正归宿。

是的，必须好好珍惜对你好的人，丢掉了就真的找不回了。世界这么大，有人对你好，是你的骄傲。人心如此小，有人装着你，是你的自豪。总有一个人把你看得很重,失去什么,也不肯把你丢掉,这世上钱能买得起奢侈品,但最奢侈的是你用多少钱也无法买到的一颗真正能惦记你的心。

"艾力·卡德尔到处找你,真心要带你回去,并一再向你道歉,说明他已经把你装进心里,你要记住,他是真心爱你的。"爸爸说。

吐逊尼牙孜罕·乌守尔心想,还犹豫什么呢?艾力·卡德尔并没有什么过错,快快带上你的阳光,它照亮你的心灵,心灵的力量是无穷的,它可以把一朵花变成一座荒原,也可以把一滴水变成一汪清泉。幸福并不是天天"舒服",幸福其实就是一种心境一种感悟,所谓人生由我不由天,幸福由心不由境,只要你心中有阳光,无论走到了哪里,无论发生了任何事,你都会觉得是幸福的。

维吾尔谚语说:"有了骏马月月过得愉快,有了贤妻年年过得顺心。"

自从那次闹别扭以后,吐逊尼牙孜罕·乌守尔再也没有跟艾力·卡德尔闹过一次不愉快。经过对人生航向的矫正,他们相敬如宾,和艾力·卡德尔过起了"舒服得很"的夫妻生活。

人家都说吐逊尼牙孜罕·乌守尔是一个"福婆",长着一脸"旺夫相"。这话一点不假,后来的事实证明,这话还真的被人们言中了。

吐逊尼牙孜罕·乌守尔进了艾力·卡德尔的家一年多,就给艾力·卡德尔生了一个大胖小子,第二年艾力·卡德尔又进了大队宣传队吹笛子和唢呐。

为了全力支持丈夫的事业,她既带孩子,又参加队里的劳动。泼辣得就像一个小伙子。有一次回娘家时大队党支部书记的老婆问她过得怎么样?

吐逊尼牙孜罕·乌守尔回答说过得很好。支部书记的老婆对吐逊尼牙孜罕·乌守尔说:"你找的那个男人个头长相都成,就是眼睛有点小,你可要记住,小眼睛的男人没良心,根本就不靠谱,也不招人喜欢。"

吐逊尼牙孜罕·乌守尔那敢反驳村支书老婆的话,从中国农村的现实看,村支书的权力就是老婆的权力,老婆的话就是村支书的话。

但她一听支部书记老婆讲这番话,心里就很不带劲。她想,眼睛小又怎么了,眼睛大能顶吃还是顶喝,小眼才聚光呢?丈夫是好是坏,那还得骑着毛驴看账本走着瞧,不是你村支书老婆说不好就不好的,反过来又一想,在人屋檐下,哪能不低头,小不忍则乱大谋。算了,不和她计较,我要是和她计较了,他反过来就会和爸爸妈妈计较,到时候就会冤家路窄。

从那以后,她把书记老婆的话烂在肚子里,守口如瓶几十年,从未给艾力·卡德尔说过一个字,因为她知道男人的自尊心一点也伤害不得,直到记者采访时她才吐露心声。艾力·卡德尔在一旁听了没有任何反映,心里平静得就像一汪清泉水,男人内心强大显示无余。

她说:"现在我们的老支书已经去世七八年了,他人好,心肠也好,他老婆其实人也不赖,很善于沟通,就是嘴碎一些,女人吗,哪有嘴不碎的,嘴不碎就不是女人了。可有一点,嘴碎但不能妄议,因为妄议就像预测一样,一旦说不准,就会被人当做笑柄加以嗤笑。"

只要一谈到自己的丈夫艾力·卡德尔,吐逊尼牙孜罕·乌守尔就有满肚子说不完的话,她说自从几十年前大队书记的老婆说过眼睛小的男人靠不住以后,后来又有人对我也说,把你老公看紧一点,宣传队漂亮女人多,艾力·卡德尔成天泡在漂亮女人堆里能不花心吗,兔子不吃窝边草,那是过时的理论,现在的兔子哪有不吃窝边草的?有些花心男人光想家里红旗不倒,外边彩旗飘飘,现在有这样心思的男人可不在少数,你的老公可不要让人给拐跑了。

吐逊尼牙孜罕·乌守尔说:"我当时一听就哈哈大笑,我明确对她说,我的男人人品好,我看中他的就是这一点,对他我从来就坚信不疑,从来就没有怀疑过,你听说他有绯闻吗?没有吧?"

"真的吗,你对艾力·卡德尔就一直这样自信?"

吐逊尼牙孜罕·乌守尔说:"你还不信?他是一个特别好的人,特别关心我,我们两个除了刚结婚的时候吵过一次架外,几十年再也没有红过脸,更不用说打架了,这在村里也算头一份,人家都羡慕得很。"

我好奇地问吐逊尼牙孜罕·乌守尔:"你说说艾力·卡德尔是如何具体关心你的?能不能举上几个鲜活的例子让我听听。"

她说:我们两个生活了一辈子,这样的例子举不完。这些年艾力·卡德尔一直在大队和公社宣传队负责,公家的事情多得很,但只要家里有什么事,我给他说一下,他立马想办法解决。我是爸爸妈妈唯一的女儿,爸爸1970年去世,妈妈1975年去世的时候,我心里特别的伤心难过,艾力·卡德尔都是以女婿和儿子的双重身份全力以赴帮助处理各种后事,而且每一件事都想得非常周全,办得十分到位,做得滴水不漏,让我非常感动,让我们的亲戚朋友和邻居老乡也十分感动。

我妈妈还没有去世的时候经常打馕,同样的面粉,她打出来的馕就特别好吃,她除了给自己家打馕,还有求必应,给左邻右舍都打,就是因为经常打馕太多,活动太少,造成全身水浮肿。

妈妈的病越来越重以后,艾力·卡德尔经常抽空去看望。后来妈妈因为肠胃病卧床不起,艾力·卡德尔几乎天天背着两个孩子走很远的路到我家看望照顾,给妈妈喂水喂饭,特别在后期我妈妈患重病时,他就天天住在我们家照顾我妈,一直侍候了20多天,直到妈妈去世,左邻右舍和亲戚朋友都看在眼里,夸奖我有福气,说我找了一个一辈子能扛得起、放得下、靠得住的好男人。

特别是他吹唢呐可以挣钱以后，不管是每天挣5元钱还是30元钱，他回来都如数交给我，从来不留私房钱。我让他多少留几个，装在口袋里面，有个什么应急用。他说男人有钱就变坏，我每天有吃有喝，口袋里装钱干什么？一旦碰上过肉孜节、古尔邦节，他都不打招呼就给我买新衣服，怕打了招呼我不让他买。

吐逊尼牙孜罕·乌守尔说："对老婆，他历来都是一根筋的爱。我这一辈子跟着他，谈不上很灿烂，但我感到活得很自然、很真实、很滋润、很随心所欲，一句话很值，不知道我还有没有来生，如果有，我还做他的老婆。"

第二十九节　畅谈人生的喜与悲

维吾尔谚语说："勤劳的人红光满面，偷懒的人面如死灰；金银财宝不算真富，团结和睦才算幸福。"

"人生有两件大事，一件就是喜，一件就是悲。你这一生中感到最喜与最悲的事是什么？能不能告诉我？"我说完两眼紧紧盯着艾力·卡德尔。

艾力·卡德尔不假思索地说："高兴得事太多了，但我感到最让人难以忘怀的还是在宣传队的那些幸福的岁月。"

"说具体一点，那些激情燃烧的岁月都给你留下了什么快乐呢？"

那时候只要一上台演出，许多人都沉浸在我悠扬的笛子声中，吹完以后，掌声、笑声、口哨声、欢呼声、喝彩声震耳欲聋，我感到很有成就感很有自尊，活得很有价值，天天都有好心情。

再就是市场全面开放和去极端化以后，谁有需求就到我家找我，或在电话上约我，让我去吹唢呐打手鼓，有的时候一天就要约三四家，活排不过来，我提出让我徒弟去，可以少收费用，可是人家不同意，非让我去不可，我去了才显得有档次，他们有面子，只要场子距离比较近，我只好几个场子同时兼顾，哪里都得露一下面，满足人家的虚荣心，其实我去不去都有人吹吹打打，同样热热闹闹，可人家还是看准我，这让我非常满足。

一个农民活到到处有人请你吃香喝辣、有外块赚、有尊严这个份上，你还有什么不满足的呢？特别是县乡村里的一些公益活动，领导点名非要我参加，你说我能不开心吗？人其实一半活在物质世界，离开物质就是空中楼阁，一半活在精神世界，没有精神，那就没有激情和动力，没有发展方向，就是一堆行尸走肉。

再就是找了一个好老婆，维吾尔谚语说："有了骏马月月过得愉快，有了贤妻年年过得顺心。"我这一辈子之所以过得愉快顺心，就是遇到了人生最好的伴侣。作为一个女人，心不疑，嘴不碎，手不停，腿不懒，勤勤恳恳持家，任劳任怨相夫教子，不管风吹浪打，始终给家庭撑伞遮阳挡雨。在生活艰难的那个岁月，不但要养好自己的4个子女，还收养了一个孤儿。没有宽广的胸怀和大慈大悲的心肠，这在一般女人都是难以做到的。

"那你这一生遇到的最不开心的事是什么呢？"我问。

艾力·卡德尔说："说起这话就长了，最不开心的事就是我们的正常生活被暴恐分子和极端宗教打乱了，你说说，婚礼上欢歌喜庆，葬礼上悲哀哭泣，这是我们维吾尔族人的传统习惯和人之常情，可极端宗教却婚礼不让唱葬礼不让哭，搞的婚礼不像婚礼，葬礼不像葬礼，弄得我们这些唢呐艺人生活无着，苦不堪言。当然最令人不开心的就是在婚庆演出现场，有些自以为有地位的人，西装穿得笔挺笔挺，皮鞋擦得锃亮锃亮，他们居高临下，用极其傲慢的眼神和十分蔑视的口吻说：邀请那些吹唢呐、打手鼓的乡巴佬干啥？要热闹就请几个文工团演员唱唱跳跳，既养眼，又不煞风景。我碰到这些人特别恨，人都一样，你为什么对我们这样不公平？你不就是穿的衣服比我们好一点吗？除了外表你还有什么值得炫耀的？最令人不快的就是那些不劳动，专门偷鸡摸狗横生事端的家伙。你说说：我好不容易挣钱买了一辆摩托车，就是为了出去演出方便，可转眼就被一个小偷偷走了，就像被人剁掉了一条腿，害得我很长时间出去没有了交通工具。小偷真是无处不在，2015年11月18日我去演出，就那么一会儿吃饭的工夫，出来一看，电子琴的核心零部件就不翼而飞了。"

艾力·卡德尔十分生气地说："在农村，小偷小摸和极端宗教一样丑陋，一样被人厌恶，要是像以前那样除四害，他们早就应该一网打尽。"

极端宗教是个坏东西，对它不斩草除根，人们的精神就会被麻醉，小偷小摸不坚决打击，百姓的生活就不会安宁。

第三十节　艾力·卡德尔的美丽梦想

艾力·卡德尔作为一个农民，他以自己的聪明和智慧，用自己的辛劳，开辟了一条适合自己在乡间发展的新路子。要不是极端宗教干扰破坏，他的路子会走得十分顺畅，农村为他提供了一个既可以展现才华，又可以有收入保障的广阔天地，按说他可以说是衣食无忧，日子过得美得很。

他恨极端宗教这个恶魔对人们思想的干扰，对人们意识的侵蚀，对社会良好秩序的破坏，白白使他浪费了近10年的大好时光。

他也感谢中央对解决新疆问题的英明决策和新疆维吾尔自治区党委人民政府下决心解决宗教极端化所采取的一切有力措施。说来说去,还是党有力量,那些曾经猖獗一时的"三股势力"和"宗教极端"势力,顿时被摧毁得土崩瓦解,不堪一击。

怀着对党和政府的感恩心情,让新疆的民间艺术放射光芒,让更多的草根艺术家为社会多做贡献,艾力·卡德尔想发挥自己的优势,办一所民间唢呐学校,培养更多的徒弟。

我问他:"你到目前为止,带过多少徒弟?"

"大概有四五十个。"他回答我说。

"他们现在都在干啥?"我追问道。

艾力·卡德尔很自豪地说:"有的在艺术团,有的当音乐老师,有的当国家干部,还有的当民间艺人。"

"你为什么想办唢呐学校?出于什么考虑?"我问。

艾力·卡德尔说:"自从新疆人民广播电台的老书记来采访我之后,在我们村里震动很大,人家都说:新疆人民广播电台那样大的干部都来采访你,这是头一遭。"

艾力·卡德尔继续说:"村民说:既然大干部千里迢迢从乌鲁木齐专程来采访你,听说还要为你写一本书,那你做的一定就是好的。"

听说大干部采访我的事以后,村里人都心动了。特别是我的大儿子和孙子都来找我,提出要给我当唢呐徒弟,我儿子说我三两天挣的钱相当于他在建筑工地当架子工一个月挣的。他们的积极性之高,这是我真的没有想到的。

艾力·卡德尔说:"既然大家都有这个积极性,我为什么不能办学传艺呢?我已经70岁了,还能吃几天咸盐呢?我有个紧迫感,我真的不想让我的才艺失传,我想尽快办一所艾力唢呐学校,培养更多新人,把唢呐艺术传给更多的人。让天鹅有飞翔的翅膀,英雄有自己的利剑,这样人们才会飞得更高更远。"

借用电影"憨豆特工"中的一句话,你的年龄大了,身体不行了,但岁月给你智慧,让你在什么时候都充满不可战胜的力量。

我们目睹了这一次翻天覆地的历史变化,我们正经历着现代文明对宗教极端的终极逆袭,这个特殊的时代赋予我们必须完成的特殊使命,那就是为了我们这个饱受沧桑的民族和国家正本清源。

亲爱的朋友,不要对宗教极端抱有任何天真的幻想,任何对宗教极端的放任和纵容,都将为国家和人民挖下灾难的陷阱,请不要辜负了我们这个伟大的时代,不要让子孙后代责怪我们今天的愚蠢,我们要用勇敢的担当精神,承担起为国家的荣誉、繁荣、发展而奋斗的忠诚和使命。只有国家好,我们才会更好。

第三十一节 唢呐就是去极端化的晴雨表

我和新疆人民广播电台记者李隆、何琳就艾力·卡德尔的唢呐人生起伏专门采访了和田地委委员、宣传部部长顾莹苏。

这是一个从于田土生土长起来的美女部长,谈起话来激情四溢。她说:"艾力·卡德尔的唢呐起伏,折射出和田去宗教极端化的晴雨表。所以现在大家公认的是宗教极端不除,社会就永远不会太平,人民就永远不会过上安乐祥和稳定的好日子,艾力·卡德尔的唢呐声就永远会消沉下去。"

习近平总书记在第二次中央新疆工作座谈会中指出,做好新疆工作是全党全国的大事,必须从战略全局高度,谋长远之策,行固本之举,建久安之势,成长治之业。党中央历来高度重视新疆工作,作出一系列重大决策部署,新疆改革发展、民族团结、社会进步、民生改善、边防巩固取得了历史性成就。

实践证明,我们党的治疆方略是正确的,必须长期坚持,保持战略定力。同时,我们要结合新疆形势充实和完善党的治疆方略,坚持长期建疆,多管齐下,扎实做好打基础利长远的工作,为社会稳定和长治久安打下坚实基础。

习近平强调,社会稳定和长治久安是新疆工作的总目标。必须把严厉打击暴力恐怖活动作为当前斗争的重点,高举社会主义法治旗帜,大力提高群防群治预警能力,筑起铜墙铁壁,构建天罗地网。要并行推进国内国际两条战线,强化国际反恐合作。

习近平指出,新疆的问题最长远的还是民族团结问题。民族分裂势力越是企图破坏民族团结,我们越要加强民族团结,筑牢各族人民共同维护祖国统一、维护民族团结、维护社会稳定的钢铁长城。要坚定不移坚持党的民族政策、坚持民族区域自治制度。民族团结是各族人民的生命线。要高举各民族大团结的旗帜,在各民族中牢固树立国家意识、公民意识、中华民族共同体意识,最大限度团结依靠各族群众,使每个民族、每个公民都为实现中华民族伟大复兴的中国梦贡献力量,共享祖国繁荣发展的成果。各民族要相互了解、相互尊重、相互包容、相互欣赏、相互学习、相互帮助,像石榴籽那样紧紧抱在一起。要加强民族交往、交流、交融,部署和开展多种形式的共建工作,推进"双语"教育,推动建立各民族相互嵌入式的社会结构和社区环境,有序扩大新疆少数民族群众到内地接受教育、就业、居住的规模,促进各族群众在共同生产生活和工作学习中加深了解、增进感情。

习近平强调,要精心做好宗教工作,积极引导宗教与社会主义社会相适应,发挥好宗教界人士和信教群众在促进经济社会发展中的积极作用。处理宗教问题的基本原则,就是保护合法、制止非法、遏制极端、抵御渗透、打击犯罪。要依法保障信教群众正常宗教需求,尊重信教群众的习俗,稳步拓宽信教群众正确掌握宗教常识的合法渠道。要重视培养爱国宗教教职人员队伍,采取有力措施提高宗教界人士素质,确保宗教组织领导权牢牢掌握在爱国爱教人士手中。

习近平指出,要坚定不移推动新疆更好更快发展,同时发展要落实到改善民生上、落实到惠及当地上、落实到增进团结上,让各族群众切身感受到党的关怀和祖国大家庭的温暖。要坚持就业第一,增强就业能力,引导各族群众有序进城就业、就地就近就业、返乡自主创业。要坚持教育优先,培养优秀人才,全面提高入学率,让适龄的孩子们学习在学校、生活在学校、成长在学校。要吸引更多优秀人才投身教育,国家的教育经费要多往新疆投。要加大扶贫资金投入力度,重点向农牧区、边境地区、特困人群倾斜,建立精准扶贫工作机制,扶到点上,扶到根上,扶贫扶到家。对南疆发展,要从国家层面进行顶层设计,实行特殊政策,打破常规,特事特办。对口援疆是国家战略,必须长期坚持,把对口援疆工作打造成加强民族团结的工程。新疆生产建设兵团要科学处理屯垦和维稳戍边、兵团和地方的关系,在事关根本、基础、长远的问题上发力。

习近平强调,要在各族群众中牢固树立正确的祖国观、民族观,弘扬社会主义核心价值体系和社会主义核心价值观,增强各族群众对伟大祖国的热爱。